Sobre
la felicidad,
el ocio y la brevedad de la vida
Séneca

Sobre la felicidad,

el ocio y la brevedad de la vida

Séneca

Traducción de **Carmen Codoñer**
Ilustraciones de **Pere Ginard**

ALMA ⟩ PENSAMIENTO ILUSTRADO

Título original: *De vita beata, De otium, De brevitate vitae*

© de esta edición:
Editorial Alma
Anders Producciones S.L., 2022
www.editorialalma.com
@almaeditorial
@Almaeditorial

© de la traducción y las introducciones
a cada uno de los diálogos: Carmen Codoñer
Traducción cedida por Editorial Tecnos
(Grupo Anaya, S.A.)

© de las ilustraciones: Pere Ginard, 2022

Diseño de la colección: Estudi Miquel Puig
Diseño de cubierta: Estudi Miquel Puig
Maquetación y revisión: La Letra, S.L.

ISBN: 978-84-18933-50-9
Depósito legal: B-13423-2022

Impreso en España
Printed in Spain

Este libro contiene papel de color natural de alta
calidad que no amarillea (deterioro por oxidación) con
el paso del tiempo y proviene de bosques gestionados
de manera sostenible.

ÍNDICE

PRESENTACIÓN

La plaza de Córdoba que lleva el nombre de Séneca recibe la denominación popular de «plaza del Descabezado» porque está presidida por una estatua acéfala de uno de sus hijos predilectos. La anécdota resulta curiosa si tenemos en cuenta que, hasta principios del siglo XIX, se desconocían las facciones reales del autor de las tres obras que aquí se reúnen.

Durante el Renacimiento, se dio por hecho que cierto retrato que había aparecido en Roma debía de ser una representación contemporánea de Séneca. Su gesto atribulado, sus facciones demacradas y su pelo y su barba despeinados encajaban a la perfección con la imagen que de él se habían formado los eruditos. Hoy se da por hecho que se trata de la efigie de otro autor trágico de la Antigüedad. El verdadero rostro de Séneca no se conocería hasta tres siglos después, con el descubrimiento de un busto bifronte de Sócrates y un hombre de complexión gruesa, expresión austera y pronunciada calvicie, que poco tenía que ver con el Pseudoséneca y que, sin embargo, llevaba inscrito en el pecho el nombre del pensador hispano.

Así y todo, semejante descubrimiento no hizo que se descartara

7

la imagen anterior. De hecho, seguía usándose en representaciones escultóricas del siglo xx y aparece todavía en nuestros días en cubiertas de sus obras publicadas por prestigiosas editoriales. De modo que hoy conviven en la iconografía estos dos rostros de Séneca tan irreconciliables, como si el destino —concepto fundamental de la ética estoica— hubiese querido recalcar de este modo las contradicciones y facetas encontradas que poblaron la vida y la obra del filósofo.

En efecto, Séneca forma parte de la tercera época del estoicismo, junto con Epicteto, anterior a él, y a Marco Aurelio, posterior. Como el famoso emperador, gozó de un poder inmenso, pero a diferencia de él, nuestro filósofo no durmió en el suelo, sino que llevó la vida propia de un cortesano acostumbrado a nadar en la abundancia, abundancia a veces incluso obtenida de manera censurable.

Lucio Anneo procedía de una familia acaudalada asentada en la capital de la Bética. Su padre, al que hoy conocemos como Séneca el Viejo, alcanzó renombre como profesor de retórica y su madre, Helvia, destacó por su excelente educación. Del matrimonio nacieron tres hijos. El mayor, Galión o Novato, ejerció de procónsul de Acaya y como tal figura en los Hechos de los Apóstoles, y el menor, Mela, fue padre de Lucano, egregio poeta al que debemos la *Farsalia*.

Muy pronto se trasladó a Roma para formarse como orador. Allí también aprendió filosofía en la escuela de los sextios, que combinaba estoicismo con neopitagorismo, y ya desde el año 31 d. C. emprendió una gloriosa carrera en el ámbito de la política y la oratoria. Cayó en desgracia una década más tarde, cuando el emperador Claudio lo acusó de adulterio con su sobrina Julia Livila, lo que le llevó al exilio en Córcega. Aquí estudió ciencias naturales y dio a luz tres de sus diálogos más conocidos: las *Consolaciones*. La primera, dirigida al poderoso liberto Polibio, adula al emperador que acaba de condenarlo y la segunda, a su madre Helvia, pretende confortarla y mostrarle que el destierro puede no ser una desgracia. Es sobre todo en la tercera, destinada a la viuda Marcia que ha perdido un hijo, donde encontramos la voz del predicador de virtudes que hará famoso a nuestro filósofo, aquel capaz de elevar el pensamiento por encima de las cosas de este mundo.

Pero algo de mundanal tiene siempre la vida cotidiana, y cuando Séneca recuperó por fin el favor de Claudio ocho años después, de vuelta en Roma este le confió la educación de Nerón, hijo de su nueva esposa Julia Agripina, y el filósofo adquirió la dignidad de pretor. Poco más adelante, a la muerte de Claudio, asesinado en 54, el discípulo se convirtió en nuevo emperador y Séneca en su asesor. Como tal, será responsable de escribir la mayoría de sus discursos y ayudará a encubrir algunas de las barbaridades perpetradas en un reinado cada vez más despótico conforme pasen los años. Esto no fue obstáculo, sin embargo, para que diera a luz algunas de sus obras estoicas más reputadas.

En esta época, por ejemplo, entre los años 48 y el 55, se ha situado el tercer diálogo que ofrecemos aquí, *Sobre la brevedad de la vida* (*De brevitate vitae*), uno de los que más influencia han ejercido en la posteridad, sobre todo entre los autores españoles del Siglo de Oro. Su máxima es bien conocida: aunque lo pueda parecer, la vida no es corta; solo la persona que no sabe aprovecharla la percibe como breve. Pero el diálogo es más extenso y en su segunda parte ofrece también normas sobre cómo comportarnos, basadas en dos conceptos básicos: lo útil y lo honesto (véase la introducción, pp. 73-74).

En todo caso, la falta de coherencia entre el defensor de una vida ascética y la mano derecha del tirano Nerón, cuyos hechos ayudaba a justificar, no pasó desapercibida en su época. Uno de los momentos más delicados en este sentido tuvo lugar en el llamado proceso de Duilio, en el que se acusó a Séneca de vivir contrariamente a lo que enseñaban sus escritos. Este episodio, ocurrido en torno al año 58, ha servido para fechar también nuestra primera obra.

Sobre la felicidad (*De vita beata*) se ha considerado el diálogo que mejor condensa el pensamiento moral del filósofo en su madurez. Está dirigido a su hermano Galión (anteriormente llamado Novato) y aborda la necesidad de definir la felicidad verdadera, que es, en realidad, aquella que reside en la virtud. «El placer es servil, perecedero y lleva a una vida "deshonrosa"», en cambio «el sumo bien es inmortal, no puede abandonar, no se sacia ni arrepiente» y la mente recta «nunca cambia, ni se toma odio a sí misma, ni se altera en nada, siendo como es la mejor» (p. 26). «Cualquier dificultad del momento es ley natural y, como buen soldado, soportará sus heridas, contará sus cicatrices y, traspasado por los dardos, morirá amando» (p. 37).

Estas enseñanzas, sin embargo, se tiñen en la segunda parte de la obra (véase la introducción, pp. 15-16) de un tono más defensivo hacia el propio interlocutor, que parece transformado en adversario acusador («¿Por qué no cenas según las normas que das?», espeta en cierto momento). De este modo, se ha interpretado que el escrito estaría redactado en un momento cercano a aquel proceso y que sirvió también para defender los hechos de nuestro autor.

Sería muy hermoso y conveniente imaginar al filósofo escarmentado por estos sucesos y retirado del mundanal ruido en los años finales de su vida. Esto es lo que se ha querido asociar al tercer diálogo que ofrecemos aquí: *Sobre el ocio* (*De Otio*), un texto más breve en torno al *otium* entendido como forma de «entregarse desde la infancia a la contemplación de la verdad», es decir, como manera de favorecer la meditación, «buscar la razón de vivir y practicarla» (p. 62). En realidad, es el texto que se nos ha transmitido más truncado y el que resulta más difícil de contextualizar, por más que muchos hayan querido situarlo efectivamente en torno a 62 y a una supuesta retirada de la vida pública de nuestro filósofo, algo del todo impreciso (*vid.* pp. 57-58).

Lo cierto es que la rueda de la Fortuna siguió su curso y en 65 asestó un giro imponente: la clase gobernante se unió en torno a Gayo Calpurnio Pisón para organizar un golpe de Estado, pero Nerón descubrió la conspiración y acabó condenando a muerte a más de cuarenta personas, entre ellos Lucano y el propio Séneca.

No cabe duda de que nuestro autor fue un hombre de contrastes, entre sus hechos y sus dichos, y entre estos mismos: las cartas y escritos filosóficos, como los de este volumen, ofrecen grandes enseñanzas, muestran un tono sereno y aparecen salpimentados con vivos cuadros costumbristas y un estilo muy personal; por el contrario, otra parte de su obra, sobre todo las creaciones dramáticas, son grandilocuentes y ofrecen muestras de patetismo y hasta truculencia. Tanto, que durante largo tiempo algunos —Erasmo entre ellos— creyó que debían de existir dos Sénecas distintos y coetáneos. Parece que el destino se empeñó en poner dos caras a nuestro filósofo.

Sobre

la felicidad

INTRODUCCIÓN

El destinatario de este diálogo es el hermano de Séneca al que dirige también el diálogo *Sobre la ira*. Responde a un intento de definir la verdadera felicidad, que reside en la virtud; sin embargo, a partir de cierto punto, se da paso a una postura defensiva ante los ataques del adversario ficticio, ataques que siempre han constituido un punto conflictivo del tratado.

Los antecedentes de un tratamiento de este tipo: en qué consiste la felicidad, punto al que está dedicada la primera parte del tratado, son conocidos de todos. El libro I de la *Ética a Nicómano*, de Aristóteles, el libro V de las *Tusculanas*, de Cicerón, así como el libro II y III de *Sobre los límites del bien y el mal*, del mismo autor. El problema debatido en Séneca es, no obstante, más restringido, menos general, centrándose propiamente en un aspecto del problema: relación entre el bien y el placer; probablemente esto es consecuencia de haber centrado las objeciones del supuesto adversario dentro de la escuela epicúrea.

Nos ha llegado incompleto, falta la parte final, pero es de suponer que el planteamiento conjunto no variaría demasiado.

Como siempre, el problema que a más autores ha ocupado es el de la datación, haciéndose evidente, en este caso con especial intensidad, la tendencia que cree ver correspondencia entre aspectos concretos de la biografía de Séneca y las obras por él escritas. En efecto, en la segunda parte se ha creído ver desde un principio una defensa personal de Séneca, que utiliza al adversario ficticio como portador de acusaciones públicas y reales. Después de operar esta transformación de materia literaria en material real, se ha procedido, en una segunda fase, a identificar esas acusaciones reales con un episodio concreto de la vida de Séneca: el proceso de Duilio que conocemos a través de Tácito[1] y de Dión Casio;[2] a continuación se ha procedido a la datación: en torno al año 58 d. C., fecha del proceso. Algunos autores no han procedido a esta última identificación, pero todos coinciden en atribuir un valor personal a la defensa del filósofo que Séneca hace.

La estructura es coherente si consideramos las dos partes con independencia. La primera comienza con una definición de lo que es felicidad (1) y de cómo alcanzarla (2). Ambos puntos se desarrollan hasta el párrafo 5,4, desde el punto de vista estoico; sigue el punto de vista epicúreo hasta el 16,3. Es, pues, una discusión que parte de sentar las bases doctrinales y las defiende ante las posturas adoptadas por otras escuelas.

Ahora bien, a este tono general responde en la segunda parte —desde el 17 hasta el final del diálogo— una limitación temática: la postura ante lo indiferente se reduce prácticamente a la postura ante la riqueza, y a un cambio de perspectiva: de la teoría se pasa a los teóricos, a los filósofos estoicos que no actúan de acuerdo con la doctrina que profesan. Es decir, junto a la reducción temática, el paso de lo general a lo concreto. La falta del final del tratado nos impide saber con claridad si la *peroratio* conciliaba de alguna manera esa doble perspectiva en el enfoque.

El mejor medio de alcanzar la felicidad es analizar en qué consiste. Nada hay más confuso que dejarse guiar por los rumores y opiniones del vulgo (1-2). Definición de la felicidad según los estoicos (3) y consecuencias de ella (3); diferentes aspectos que puede revestir esa misma definición, y paso a la descripción del hombre feliz y de sus virtudes (4-5). Posibles escollos a la felicidad: el placer, incompatibilidad entre virtud y placer (6-8). Posibles objeciones: la virtud procura placer. Sí, pero no lo persigue (9). No existe placer sin virtud, porque se dan siempre asociados. No es cierto, hay gente malvada que disfruta de placer. No es lo mismo la apariencia de placer que el placer; hay que precisar que se trata de dos sensaciones distintas, y que lo que se llama placer es inconciliable con la virtud, no es más que el pretexto que buscan aquellos que intentan justificarse. Peligros del epicureísmo en ese sentido (12-13). La que sí es buena compañera de la virtud es la razón, el placer quita solidez a la virtud (14-15). La virtud se basta a sí misma para fundamentar la verdadera felicidad, aunque alcanzarla no sea fácil ni a los menos ligados por los favores de la fortuna (16). Objeciones de carácter personal: si esa es la teoría, ¿por qué no la aplicas a tu propia vida? Porque no soy sabio, pero hay que intentarlo. Ni siquiera el sabio habla de cómo vive él, sino de cómo se debe vivir (17-18). La maledicencia no respeta nada (18, 3-19). Por más que el sabio no alcance la virtud, por lo menos lo intenta y el esfuerzo, en sí mismo, es valioso (20). El filósofo acepta disfrutar de una serie de bienes, pero no se liga a ellos (21), incluso el bienestar material le es favorable al desarrollo de sus virtudes (22), nunca es el resultado de malas acciones (23); siempre está dispuesto a desprenderse de sus bienes, pero no indiscriminadamente (24). La diferencia entre el filósofo y sus detractores es que el primero vive en medio del bienestar material dispuesto siempre a prescindir de él, sin que afecte a su conducta la pérdida de poder o riquezas mientras que el otro depende de ellas, las considera eternas, no prevé su pérdida (25-26, 4). El sabio no se inmuta ante los ataques de que es objeto, y pone como ejemplo a Sócrates (26, 5-27). Los que critican al filósofo no entienden lo anterior, y eso los sume en la confusión (28).

Sobre

la felicidad

I. 1. Vivir felices, Galión,[3] todos lo quieren, pero andan a ciegas tratando de averiguar qué es lo que hace feliz una vida; y hasta tal punto no es fácil alcanzar la felicidad en la vida que, cuanto más apresuradamente se dejan llevar hacia ella, tanto más se alejan si se desvían del camino. Cuando este lleva en dirección opuesta, la propia velocidad resulta ser la causa de una mayor separación.

De modo que hay que plantearse, en primer lugar, qué es lo que pretendemos; entonces, hay que observar con cuidado por dónde podemos aproximarnos con más rapidez; una vez emprendido el trayecto, siempre y cuando sea recto, debemos apreciar cuánto se consigue cada día, y cuánto mayor es la proximidad a aquello a lo que nos empuja un deseo natural. 2. Ciertamente, todo el tiempo que andamos dando vueltas de un lado para otro, no tras de un guía sino tras del griterío y el clamor disonante de quienes nos llaman en direcciones opuestas, la vida se desgasta entre divagaciones, breve aunque nos esforcemos en mejorar día y noche. De modo que hay que decidir adónde nos dirigimos y por dónde, no sin contar con un especialista a quien le sean conocidos los lugares a los que nos dirigimos; y es que, evidentemente, la situación en este caso no es la misma que en el resto de los viajes. En estos, unos senderos bien trazados y los habitantes del lugar a quienes se pregunta no permiten equivocarse, en cambio, en aquel caso, cuanto más pisoteado y frecuentado es el camino, más engaña. 3. Por consiguiente, nada hay que procurar con mayor interés como el no seguir, de acuerdo con la norma del ganado, al rebaño de los que nos preceden dirigiéndonos, no donde hay que ir, sino a donde se va. Y es que nada nos hace víctimas de mayores desgracias que el atenernos a los rumores, pensando que las mejores cosas son las que han sido acogidas con gran aceptación, el tener por bueno la abundancia de ejemplos y el no vivir de acuerdo con la razón, sino a imitación de los demás. 4. De ahí proviene el que se amontonen las gentes lanzándose unos encima de los otros. Lo que sucede en los desastres multitudinarios, cuando la masa se oprime a sí misma —nadie cae sin arrastrar a otro tras de sí, y los primeros hacen caer a los que van detrás—, puedes ver que sucede en cualquier vida. Nadie se equivoca aisladamente, sino que es causa y autor de los errores de otros; en efecto, es perjudicial apoyarse en los que van delante y, dado que todo el mundo prefiere confiar en otro a formarse su propio criterio, nunca se tiene un criterio propio sobre la vida, siempre se confía. Nos hace dar vueltas y precipitarnos el error que pasa de mano en mano. Perecemos siguiendo el ejemplo de otros. Nos curaremos: alejémonos de la masa. 5. Ahora bien, se yergue frente a la razón el pueblo, defensor de su propia desgracia. De modo que sucede lo que sucede en las asambleas.[4] Allí, los mismos que han elegido a los pretores se extrañan de que hayan resultado elegidos[5] cuando el apoyo a ellos, inconstante, cambia de signo; damos nuestra aprobación a las mismas cosas que rechazamos. Este es el resultado de cualquier juicio que se pronuncia siguiendo el de muchos.

2.1. Cuando tratemos de la felicidad, no tienes por qué contes-

20

tarme siguiendo la costumbre del Senado en las votaciones: «Este grupo parece mayor.»[6] Pues por eso es peor. No nos va tan bien con los asuntos humanos como para que lo mejor sea aceptado por muchos; la prueba de que algo es peor es la masa. 2. Preguntémonos, por tanto, qué es lo mejor que se puede hacer, no qué es lo más corriente, y qué es lo que nos coloca en posesión de la felicidad eterna, no qué recibe la aprobación del vulgo, el peor intérprete de la verdad. Y llamo vulgo tanto a los que llevan clámide como a los que llevan corona; en efecto, no tengo en cuenta el color de los trajes con los que cubren los cuerpos.[7] No me fío de los ojos cuando se trata del hombre, tengo una luz mejor y más segura con la que distinguir lo verdadero de lo falso: que el espíritu encuentre el bien del espíritu. Este, si alguna vez tiene tiempo de respirar y recogerse en sí mismo, cuán atormentado por sí mismo se confesará la verdad y se dirá: 3. «Todo lo que hice hasta ahora preferiría que no estuviera hecho; todo lo que dije, cuando vuelvo a considerarlo, envidio a los mudos; todo lo que he deseado lo considero una maldición de mis enemigos: todos los temores que he sentido, dioses de bondad, cuánto más llevaderos fueron que mis deseos. He estado enemistado con muchos y me he reconciliado con ellos después de odiarlos (si es que existe la reconciliación entre malvados), de mí mismo todavía no soy amigo. Me he esforzado en evadirme de la multitud y en destacar por alguna cualidad: no hice más que enfrentarme a los dardos y mostrar a la malevolencia un objetivo sobre el que ensañarse. 4. ¿Ves a estos que alaban la elocuencia, que van tras las riquezas, que adulan el favor, que ensalzan el poder? Todos son enemigos o, lo que es equivalente, pueden llegar a serlo. Tan numerosos son los que te admiran, como los que sienten envidia. ¿Por qué no busco mejor algo bueno en realidad, algo que yo perciba, no enseñe? Estas cosas que se contemplan, ante las que se paran, estas cosas que uno muestra al otro atónito, brillan puertas afuera, por dentro son lamentables.

3.1. Busquemos algo bueno, no en apariencia, sino consistente, duradero y más hermoso por la parte más oculta; procurémonoslo. No está colocado lejos, se puede encontrar, solo hay que saber dónde tiendes la mano. Ahora bien, como si estuviéramos en tinieblas, pasamos por alto lo que está junto a nosotros, tropezando precisamente con todo aquello que deseamos. 2. Pero, para no hacerte dar rodeos, pasaré por alto las opiniones de otros, pues es largo exponerlas y refutarlas una por una; escucha la nuestra. Y cuando digo la nuestra, no me siento unido a ninguno de mis predecesores estoicos: también yo tengo derecho a opinar.[8] De modo que seguiré a uno, mandaré a otro que exponga su opinión parcialmente; quizá también, llamado a declarar después de todos, no criticaré nada de lo que los anteriores decidieron y diré: «De acuerdo, pero con una adición.»[9] Entretanto, cosa en la que están de acuerdo todos los estoicos, doy mi beneplácito a la naturaleza; es síntoma de sabiduría el no alejarse de ella y el conformarse a su ley y ejemplo.

Por tanto, es una vida feliz la que va de acuerdo con la propia naturaleza; esta vida no puede existir más que si, en primer lugar, la mente es cuerda y no pierde jamás la cordura; después, si es decidida y apasionada además de sublime en su sufrimiento, si se adapta a las circunstancias, no está angustiosamente preocupada por su cuerpo y por lo relacionado con él; es más, está pendiente de las otras cosas que constituyen la vida, sin sentir admiración por ninguna,[10] dispuesta a utilizar los bienes de la fortuna, no a esclavizarse a ellos. 4. Te das cuenta de que, aunque no lo añada, el resultado es una serenidad perpetua, la libertad, si nos deshacemos de lo que nos irrita o nos aterroriza. En efecto, a los placeres y atractivos inconfesables, que son pequeños y caducos, dañinos incluso por la fragancia que despiden, les sustituye un repentino gozo, inalterable y uniforme; más tarde, la paz, el acuerdo con el propio espíritu, la grandeza unida a la mansedumbre. En efecto, toda ferocidad procede de la debilidad.

4.1. Puede también definirse nuestro bien de otro modo, es decir, enunciar esa misma opinión con palabras que no son las mismas. Tal como un único ejército se extiende unas veces ampliamente, otras se concentra en un pequeño espacio, forma una curva por la parte central doblando las alas, o se despliega ofreciendo un frente recto, siendo su poder el mismo sea cual sea su formación y la misma la voluntad de resistir a favor del mismo partido, de igual modo la definición del bien supremo puede unas veces ampliarse y extenderse, otras recogerse y reducirse al mínimo. 2. De modo que será lo mismo si digo: «El sumo bien es un espíritu que desprecia el azar, satisfecho con la virtud» o «la invencible energía del espíritu, conocedora de todo, serena en su actuación, dotada de gran humanidad y preocupada por los que con ella conviven». Es posible terminar de manera que digamos que es feliz el hombre que no considera bueno o malo más que un espíritu bueno o malo, cultivador de la honradez, satisfecho con la virtud, al que no enorgullecen ni destrozan los azares, que no conoce mayor bien que el que puede otorgarse a sí mismo, cuyo verdadero placer será el desprecio de los placeres. 3. Es posible, si quieres divagar, conferir distinto aspecto a la misma idea, manteniendo a salvo e íntegramente su valor, pues, ¿qué nos impide llamar feliz a un espíritu libre, erguido, impávido, firme, colocado al margen del miedo y de las pasiones, cuyo único bien es la honradez, su única desgracia el deshonor, y el resto un despreciable amasijo de cosas, que no quitan ni añaden nada a una felicidad, que se aproximan y se alejan sin aumentar ni disminuir al sumo bien?[11] 4. Es lógico que este, quiera o no quiera, tenga una base tan firme que le suponga una alegría constante y un regocijo profundo que viene de lo más hondo. De modo que se alegra con sus cosas y nada desea más allá de lo que tiene a mano. ¿Por qué esto no va a compensar con creces las menudas, variables e inconstantes tendencias del pobre cuerpo? El día en que esté sometido al placer, también estará sometido al dolor; y estás viendo qué desdichada y perniciosa esclavitud está destinado a sufrir aquel al que poseen alternativamente placeres y dolores; son poderes sin ninguna seguridad ni posibilidad de control: por tanto, hay que lanzarse en busca de la libertad. 5. No la proporciona más que la indiferencia ante la suerte. Entonces surgirá un bien inapreciable: la paz del espíritu colocado en lugar seguro, la altura de miras y el inmenso e inconmovible goce que procede del conocimiento de la verdad (una vez eliminados los errores), la afabilidad y la expansión espiritual, cosas en las que se deleita, no porque sean buenas, sino porque han nacido del bien que les es propio.

5.1. Ya que he empezado por comportarme generosamente,[12] puede llamarse feliz al que no siente pasiones ni temores, gracias a la razón; añado esto último porque también las rocas carecen de temores y tristeza, no menos que el ganado, y no por eso alguien llamaría felices a los seres que no perciben su felicidad. 2. Pon en el mismo lugar a los hombres a los que su naturaleza roma y el desconocimiento de sí mismos han reducido al número de las bestias, de los animales. Ninguna diferencia hay entre estos y aquellos, ya que estos no tienen raciocinio, aquellos lo tienen pervertido y capacitado para su propia desgracia y degradación. En efecto, nadie puede ser llamado feliz si se coloca fuera de la verdad. 3. Por tanto, es feliz la vida que se asienta sobre principios rectos y firmes de modo inmutable. Pues entonces la mente es pura, libre de todo mal, capaz de escapar no solo a las heridas sino también a los arañazos, dispuesta a permanecer siempre en su lugar y a reivindicar su puesto, aun frente a la fortuna colérica y enemiga. 4. En efecto, por lo que respecta al placer, aunque se derrame en torno por doquier y se nos introduzca por todo lugar y ablande el espíritu con sus halagos, y ponga en marcha, uno tras otro, motivos con que atraernos por completo o en parte, ¿qué mortal, a quien le quede una mínima huella de ser humano, quiere dejarse seducir día y noche y, abandonando el espíritu, entregarse al cuerpo?[13]

6.1. —Pero el espíritu —dice— también tiene sus placeres propios—. Supongamos que los tenga y se erija en árbitro del lujo y de los placeres; que se llene de todo aquello que suele halagar los sentidos; que después vuelva la vista al pasado y, acordándose de placeres refinados, salte de gozo por lo anterior e inmediatamente se vuelque sobre el futuro; que organice sus esperanzas y, mientras el cuerpo yace en su actual envoltura, lance sus pensamientos al futuro: me parece muy triste, ya que elegir lo malo en lugar de lo bueno es una locura. Y sin cordura nadie es feliz, ni está cuerdo aquel que apetece el futuro como si fuera lo mejor. 2. Por tanto, es feliz el que es recto en sus criterios; es feliz el que se contenta con lo presente, sea lo que sea, y es amigo de sus cosas; es feliz aquel a quien la razón justifica cualquiera de sus hábitos.

7.1. También los que dijeron que el mayor bien reside en el vientre ven en qué vergonzoso lugar lo han colocado. De modo que dicen que el placer no puede separarse de la virtud, y afirman que nadie vive honestamente sin vivir a gusto, y nadie a gusto sin vivir honestamente también.[14] No veo cómo estos elementos tan distintos pueden sentirse unidos. ¿Qué razón hay, os pregunto, para no poder separar el placer de la virtud? ¿Será sin duda el hecho de que, como todo principio de bien procede de la virtud, también lo que vosotros amáis y ansiáis nace de las raíces de esta? Pero si estos conceptos fueran inseparables, no veríamos algunas cosas agradables pero deshonrosas, y otras honrosísimas pero dificultosas, asequibles solo con el sufrimiento. 2. Añade ahora también el hecho de que el placer lleva a una vida deshonrosa, en cambio la virtud no admite la mala vida; que algunas personas son desgraciadas no sin placer, más bien lo son incluso debido al placer. Y esto no sucedería si a la virtud se mezclase el placer; la virtud a menudo carece de él, nunca lo echa en falta. 3. ¿Por qué intentáis aunar cosas distintas, mejor aún, contrarias? La virtud es algo íntimo, elevado y propio de reyes, invencible, infatigable; el placer es de baja extracción, propio de esclavos, sin energías, perecedero; su puesto, su domicilio, son los prostíbulos, y las tabernas. La virtud la encontrarás en el templo, en el foro, en el Senado, en pie ante las murallas, cubierta de polvo, acalorada, con las manos encallecidas; el placer se oculta con enorme frecuencia, intentando acogerse a las tinieblas, en torno a los baños, los gimnasios y los lugares que temen a los vigilantes, blando, sin nervio, empapado en vino y perfumes, pálido o lleno de cosméticos y rebozado en mejunjes. 4. El sumo bien es inmortal, no puede abandonar, no se sacia ni arrepiente. En efecto, la mente recta nunca cambia, ni se toma odio a sí misma, ni se altera en nada, siendo como es la mejor. En cambio, el placer se extingue en el momento en que más complace; no tiene mucha capacidad, de modo que se colma rápidamente, se convierte en hastío y languidece después del primer impulso. Y nunca es seguro aquello cuya naturaleza radica en el movimiento: así ni siquiera puede existir la sustancia de una cosa que viene y se pasa rápidamente, destinada a perecer por desgaste propio; en efecto, tiende a alcanzar su propia desaparición, y ya cuando comienza está contemplando su fin.[15]

8.1. ¿Y qué decir de que el placer va unido tanto a lo bueno como a lo malo, y de que su propio deshonor deleita a los sinvergüenzas no menos que a los hombres de bien las acciones valiosas? Por eso, los antiguos aconsejaron seguir la vida mejor, no la más agradable, para que el placer acompañe a la voluntad recta y buena, no la guíe. En efecto, hay que usar a la naturaleza como guía; la razón la respeta, la consulta. 2. Por eso, es lo mismo vivir feliz que vivir de acuerdo con la naturaleza.[16] Voy a aclarar inmediatamente qué es esto: si logramos conservar, con sumo cuidado y sin miedo, las cualidades físicas y las naturales, como si se nos concedieran efímera y fugazmente; si no aceptamos ser sus esclavos y no nos poseen las cosas ajenas; si lo que es agradable a nuestro cuerpo y a un tiempo eventual, lo tenemos en la misma considera-

ción que en los campamentos se tiene a las tropas auxiliares y ligeras —destinadas a cumplir órdenes y no a mandar—, conseguiremos
que sea útil a la inteligencia. 3. El hombre incorruptible no debe
dejarse vencer por los accidentes externos y debe admirarse solamente de sí mismo;

confiado en su espíritu y dispuesto a unas cosas y otras[17]

ser artífice de su vida; su confianza no debe darse sin conocimientos, sus conocimientos no sin firmeza; debe mantener las actitu-
des, una vez tomadas; y no debe haber borrón alguno en sus decisiones. Se entiende, aunque no lo añada, que un hombre tal debe
ser equilibrado y ordenado, elevado, pero amable en todo lo que
haga. 4. Que la razón, acicateada por los sentidos, indague y, partiendo de ellos —pues no tiene otro sitio donde intentarlo o desde
donde tomar impulso en busca de la verdad— vuelva sobre sí misma. En efecto, el mundo, que también lo abarca todo, y Dios, rec-
tor del universo, tienden sin duda hacia el exterior, pero, sin
embargo, desde cualquier parte vuelven sobre sí mismos. Lo mismo debe hacer nuestra inteligencia; cuando, yendo tras de sus sensaciones, se asoma al exterior llevada por ellas, debe dominar las
sensaciones y a sí misma. 5. De ese modo logrará una energía única
y capacidad de cohesión y surgirá una razón concreta, sin coheren-
cias ni vacilaciones en su modo de opinar y enjuiciar, y también en
sus convicciones; y cuando esta se haya organizado y establecido el
acuerdo entre sus partes y, por así decirlo, haya alcanzado la armonía, habrá alcanzado el sumo bien.[18] 6. Pues nada malo queda, nada
ambiguo, nada con lo que chocar o resbalar. Lo hará todo según su
voluntad y nada inesperado le sucederá, sino que cualquier cosa
que haga se transformará con facilidad y prontitud en un bien, sin
equivocaciones por parte de quien lo hace.[19] En efecto, la abulia, la
indecisión son muestra de lucha e inconstancia. Por eso, puedes

confesar valientemente que el mayor bien es la paz espiritual, pues las virtudes tendrán que estar allí donde exista unidad y acuerdo: los vicios implican disensión.

9.1. —Pero tú —dices— cultivas la virtud, no por otra razón, sino porque esperas que de ella te provenga algún placer—. En primer lugar, aunque la virtud esté destinada a proporcionarnos placer, no se le busca por eso, por el placer; pues no lo proporciona, sino que también lo proporciona, y no se esfuerza en ello, sino que su esfuerzo, aunque se dirija a otra cosa, consigue esto también. 2. Tal como en un campo que ha sido arado para la mies surgen salpicadas algunas flores y, aunque sean un placer para los ojos, no se ha tomado tanto trabajo por esas hierbecillas —el propósito del sembrador fue otro, esto vino por añadidura—, así el placer no es consecuencia ni causa de la virtud, sino un accesorio, y no se acepta porque produzca placer, sino que, si se acepta, también produce placer. 3. El sumo bien radica en los criterios que aplica al comportamiento una inteligencia extraordinaria; esta, cuando ha cumplido con lo suyo y se ha ceñido a sus propios límites, ha alcanzado el sumo bien y nada echa ya en falta; pues más allá del todo no hay nada, y tampoco más allá de los propios límites. 4. De modo que te equivocas cuando preguntas cuál es la razón por la que persigo la virtud, pues buscas algo que está por encima de lo más alto.[20] Me preguntas qué busco en la virtud: a ella misma. En efecto, no tiene nada mejor, ella misma es su propia recompensa. ¿Acaso esto es poco importante? Siendo así que te digo: «El sumo bien es el rigor inquebrantable del espíritu, la clarividencia, la elevación, la libertad, la paz y la belleza», ¿todavía exiges algo mayor que sirva de referencia a estas cosas? ¿Por qué nombras el placer? Busco el bien de la humanidad, no el del vientre, que es mayor en los rebaños y en las fieras.

10.1. —Tergiversas —dice— lo que estoy diciendo.[21] En efecto, digo que nadie puede vivir a gusto si al mismo tiempo no vive también honrosamente, cosa que no puede suceder a los animales y a los que miden su felicidad por la comida. Con toda claridad, repito, y públicamente doy testimonio de que esta vida que yo llamo agradable no se da si no es con la virtud como compañera—. 2. Y bien ¿quién ignora que son los más estúpidos los colmados de vuestros placeres, que la maldad abunda en satisfacciones y que el propio espíritu acumula múltiples e indeseables tipos de placer? En primer lugar, la insolencia, el excesivo amor propio, el orgullo que nos eleva sobre los demás, el amor ciego e insensato a las cosas propias, la exaltación por razones mínimas e infantiles, la impertinencia y la soberbia que se complace en ofender, la apatía y la disipación de un espíritu blando consumido por los placeres, que se duerme sobre sí mismo. 3. Todo eso la virtud lo hace saltar, le tira de la oreja, valora los placeres antes de aceptarlos, y no estima mucho a aquellos a los que ha dado su aprobación; en efecto, los acepta en todo caso, con reservas, y no queda satisfecho con su utilización, sino con su uso moderado. —La moderación, en la medida en que disminuye los placeres, es una ofensa al sumo bien—.[22] Tú te entregas al placer, yo lo controlo; tú lo consideras el sumo bien, yo ni siquiera bien; tú lo haces todo en función del placer, yo nada.

II.1. Cuando digo que no hago nada en función del placer, hablo del tipo de sabio al que únicamente concedes el placer. Y no llamo sabio a aquel por encima del cual hay algo, aunque sea el placer. Y es que, si el placer lo acapara, ¿cómo se enfrentará al esfuerzo, al riesgo, a la pobreza y a todas cuantas amenazas merodean en torno a la vida humana? ¿Cómo soportará la visión de la muerte, cómo los dolores, cómo el estruendo mundanal y el número de enemigos encarnizados, si se ve sometido a tan endeble adversario? —Hará cualquier cosa de que lo persuada el placer—. Vamos, ¿no ves de cuántas te va a persuadir? 2. —De nada vergonzoso —dice— podrá persuadirle, porque va unido a la virtud—. Sigamos, ¿no ves cuál es la calidad de un sumo bien que necesita de un guardián para ser un bien? y ¿cómo controlará la virtud al placer, al que sigue, siendo así que lo propio del que obedece es seguir, del que ordena dar normas? ¿Dejas postergado a lo que da normas? ¡Vaya tarea notable que desempeña entre vosotros la virtud: degustar previamente los placeres![23] 3. Pero, vamos a ver si entre aquellos entre los que la virtud recibe trato ofensivo todavía existe la virtud; no puede recibir el nombre de tal si cede terreno; entretanto, pues de ello se trata, demostraré que mucha gente está asediada por los placeres, gente sobre la que la fortuna derrama todos sus bienes, gente que tendrás que reconocer que son malvados. 4. Fíjate en Nomentano y Apicio,[24] que se dedicaban a buscar, según ellos dicen, los bienes de la tierra y del mar, y que identificaban encima de su mesa animales de todas las especies; mira esos mismos personajes contemplando despectivamente su cocina desde un montón de rosas,[25] deleitando su oído con el sonido de las voces, sus ojos con los espectáculos,[26] su paladar con los sabores. Su cuerpo entero se deja estimular por masajes suaves y delicados y, para que entretanto la nariz no esté inactiva, incluso el lugar donde se hacen ofrendas al lujo se impregna de olores diversos.[27] Dirás que estos están rodeados de placeres y, sin embargo, no les irá bien porque no disfrutan del bien.

12.1. —Les irá mal —dice— porque concurren muchas circunstancias que perturban el espíritu y las opiniones contradictorias serán una inquietud para su ánimo—. Admito que esto sea así, pero los estúpidos, los desequilibrados, los alcanzados por el arrepentimiento, gozarán no menos de grandes placeres, hasta el punto de que hay que reconocer que están tan lejos de cualquier molestia como del equilibrio espiritual, y que, cosa que sucede a mucha gente, su locura es una locura regocijante y enloquecen a carcajadas. 2. Por el contrario, los placeres de los sabios son comedidos, moderados, un punto mortecinos y contenidos, apenas perceptibles, de manera que, aunque se recurra a ellos, no se presentan y, aunque se presenten espontáneamente, no se les honra ni se les acoge jubilosamente por parte de quienes los disfrutan. En efecto, los mezclan y los introducen en la vida, como los juegos y las bromas se mezclan a las cuestiones serias. 3. Que dejen, por tanto, de unir elementos incompatibles y de mezclar el placer con la virtud,[28] defecto que solo lleva a adular a los peores. El que se entrega a los placeres, siempre eructando y borracho, como sabe que vive en medio del placer, cree que también lo hace en medio de la virtud (en efecto, oye decir que el placer no puede separarse de la virtud); después, da el título de sabiduría a sus vicios y manifiesta lo que debiera ocultar. 4. De modo que no se entregan a los excesos impulsados por Epicuro, sino que, entregados al vicio, disimulan sus excesos dentro del seno de la filosofía, y acuden allí donde pueden escuchar que se alaba el placer. Y no valoran cuán sobrio y austero es el placer de Epicuro (así, por mi fe, lo reconozco), sino que se acogen apresuradamente al nombre en busca de un patronazgo y de una tapadera para sus pasiones. 5. De modo que, el único bien que poseían, en medio de sus desgracias, lo pierden: el sentimiento de vergüenza ante las malas acciones. En efecto, alaban aquello de lo que se avergonzaban y, se vanaglorian de sus vicios; por eso, ni siquiera a los jóvenes les es posible recuperarse, siendo así que el calificativo de honesto se aplica a una vergonzosa desidia. Esta es la razón por la que la alabanza del placer es perniciosa, porque en el interior quedan ocultas las normas de la honradez y al descubierto queda lo que corrompe.

13.1. Yo, personalmente, soy de la opinión —lo voy a decir, a despecho de nuestros correligionarios—[29] de que Epicuro dio unas normas dignas de todo respeto, rectas y, si me apuras, severas. En efecto, el placer lo reduce a poca cosa, sin consistencia, y las leyes que nosotros dictamos a la virtud, él las dicta al placer. Le ordena que obedezca a la naturaleza, y es poco para los excesos lo que es suficiente para la naturaleza. 2. ¿Y cómo? Todo aquel que llama felicidad al ocio resultante de la apatía, a las alternancias de gula y desenfreno, está buscando una buena garantía para una mala cosa, y, cuando llega atraído por un hombre suave, va tras el placer, no de aquel del que oye hablar, sino del que se procura; y cuando ha empezado a considerar que sus vicios son semejantes a las normas, es benevolente con ellos, no con timidez y a escondidas, sino que incluso llega a disfrutar de ellos a cara descubierta. De modo que no diré lo que muchos de los nuestros: que la secta de Epicuro es maestra de malas acciones, sino que diré: se habla mal de ella, tiene mala fama. 3. —Pero sin razón—. ¿Quién puede saberlo sino el que ha sido admitido en ella? Su aspecto exterior mismamente da motivo a las habladurías y provoca ilusiones perversas. Esto es igual que un hombre de valía revestido de la estola:[30] te consta su pudor, está a salvo su hombría, su cuerpo no está dispuesto a someterse a ninguna práctica vergonzosa, pero... tiene en sus manos el tambor de Cibele.[31] De modo que hay que elegir una titulación honrosa y un encabezamiento que levante por sí mismo el espíritu; el que hay lo han hecho suyo los vicios. 4. Cualquiera que se ha aproximado a la virtud ha dado muestras de su noble naturaleza; el que va tras el placer parece falto de nervio, débil, degenerado, destinado a acabar en el vicio si alguien no le ha marcado la diferencia entre los placeres, a fin de hacerle saber cuáles de ellos se mantienen dentro de los deseos naturales, cuáles se precipitan sin freno y son ilimitados; cuanto más se llenan más irrellenables son. 5. Vamos, marche delante la virtud, cualquier paso será más seguro. También el placer excesivo es perjudicial; en la virtud no hay que temer nada que sea excesivo, porque en ella radica la moderación; no es bueno lo que sufre bajo su propio peso.[32] Además, a quienes les ha tocado en suerte una naturaleza racional, ¿qué mejor cosa puede proponérseles que la razón? Y si se acepta esta alianza, si se acepta marchar hacia la felicidad en esta compañía, dejemos que la virtud marche por delante, que el placer sea su compañero y se pasee en torno al cuerpo como una sombra. Evidentemente, entregar a la virtud, la más excelsa de las soberanas, como esclava del placer, corresponde a un espíritu incapaz de concebir nada grandioso.[33]

14.1. Vaya delante la virtud, lleve los estandartes; tendremos no menos placeres, pero seremos sus dueños, sus moderadores; algo podrá doblegarnos, nada nos podrá obligar. En cambio, los que por principio se pusieron en manos del placer carecen de una y otra cosa. En efecto, pierden la virtud, y además no está en sus manos el placer, sino ellos en las del placer; por su ausencia se atormentan o por su abundancia se ahogan, desdichados si les abandona, más desdichados si los aplasta. Al igual que los que quedan atrapados en el mar de las Sirtes, unas veces quedan en seco, otras veces sufren las sacudidas del mar encrespado. 2. Y esto sucede por la excesiva falta de medida y por el amor ciego a las cosas, pues, para quien va tras del mal en lugar del bien, la búsqueda es peligrosa. Así como cazamos animales salvajes a costa de esfuerzos y peligros, y es también una preocupación al poseerlos una vez capturados —pues a menudo hieren a sus dueños—, de igual modo se comportan los grandes placeres: desembocaron en grandes desgracias y cautivos cautivaron. Cuanto más numerosos y mayores son, tanto más insignificantes, y esclavo de muchos es el ser al que el vulgo llama feliz. 3. Cabe seguir manteniendo esa imagen. Tal como el que va en busca del cubil de las fieras y valora altamente

el capturar las fieras con la red,

y

el rodear los amplios desfiladeros con los perros.[34]

para acosar sus pasos; tal como este abandona los asuntos más importantes y renuncia a muchos deberes, así, el que va tras el placer lo pospone todo, descuida, en primer lugar, la libertad y depende del vientre; y no se compra placeres, sino que se vende a los placeres.

15.1. —Sin embargo —dice—, ¿qué impide que virtud y placer se confundan en uno solo, dando como resultado el sumo bien, de modo que sea a un tiempo honroso y agradable?—. Porque las partes de lo honroso no pueden ser más que honrosas, y el sumo bien no mantendrá su integridad si ve en sí mismo algo distinto a lo mejor. 2. Ni siquiera el goce que tiene su origen en la virtud, aunque sea bueno, constituye parte del bien absoluto, no más que la alegría y la serenidad, aunque procedan de las causas más bellas. En efecto, estos son bienes, pero son consecuencia del sumo bien, no contribuyen al mismo. 3. En cuanto al que asocia virtud y placer, y no en condiciones de igualdad por cierto, debido a la fragilidad de uno de los dos bienes embota todo el vigor del otro y somete al yugo a la libertad, imbatida si no conoce nada más valioso que ella. En efecto, y esta es la mayor de las servidumbres, empieza a necesitar de la fortuna; sigue una vida angustiada, llena de sospechas, temblorosa, atemorizada ante el acaso, dependiente del momento. 4. No concedes a la virtud una base sólida, inamovible, sino que ordenas que se mantenga en una situación inestable. Y ¿hay algo más inestable que la espera del azar, que la variación del cuerpo y de los elementos que afectan al cuerpo? ¿Cómo puede esa persona obedecer a Dios y acoger con buen ánimo todo lo que sucede, no quejarse del destino, dando una interpretación favorable de lo que le acontece, si se ve sacudido al menor pinchazo de los placeres y de los dolores? Y tampoco es un buen protector de la patria, ni vengador de ella, ni defensor de sus amigos; si se inclina hacia el placer.[35] 5. Por eso, el sumo bien debe ascender allí de donde ninguna fuerza lo separe, donde no tenga acceso el dolor, ni la esperanza, ni el temor, ni cosa alguna que reduzca a los derechos del sumo bien. Y ascender allí solo la virtud puede. Esa colina ha de suavizarse a su paso; ella se mantendrá en pie con energía y soportará todo lo que suceda, no solo resignada, sino incluso de buen grado, y sabrá que cualquier dificultad del momento es ley natural y, como buen soldado, soportará sus heridas, contará sus cicatrices y, traspasado por los dardos, morirá amando al general por el que cae; conservará en su espíritu el antiguo precepto: sigue a Dios.[36] 6. Por otra parte, quienquiera que se queja, llora y se lamenta, se ve obligado a cumplir órdenes y, a su pesar, se ve arrastrado no menos a lo mandado. Y ¡qué locura es preferir ser llevado a seguir! Tanto, bien lo sabe Dios, como es estupidez e ignorancia de la propia condición el dolerte de que te falta algo o te acontece algo demasiado duro igualmente lo es el extrañarse y llevar a mal lo que sucede tanto a los buenos como a los malos, me refiero a las enfermedades, a las muertes, a las debilidades y a todos los demás accidentes que se introducen de través en la vida humana. 7. Todo lo que hay que soportar, debido a la constitución del universo, acéptese con entereza; nos hemos visto obligados a seguir esta bandera:[37] tolerar nuestra naturaleza mortal y no alterarnos por las cosas que no está en nuestras manos evitar. Hemos nacido en un reino: la libertad consiste en obedecer a Dios.

16.1. Por tanto, en la virtud reside la verdadera felicidad. ¿De qué te va a persuadir esta virtud? De no considerar bueno ni malo nada que no derive de la virtud o de la maldad; después, de ser inamovibles frente al mal, a favor del bien, para, en la medida de lo posible, imitar a Dios. 2. ¿Qué te promete a cambio de esta actitud desprendida? Grandes cosas, equiparables a las divinas: no te verás obligado a nada, no carecerás de nada, serás libre, estarás seguro, indemne; nada intentarás en vano, nada te será prohibido; todo te saldrá a la medida de tus deseos, nada malo te sucederá, nada en contra de lo que pensabas y querías. 3. —¿Cómo? ¿Es suficiente la virtud para ser feliz?—. Y ¿cómo no va a ser suficiente, e incluso excesiva, perfecta y divina como es? Pues, ¿qué puede faltarle a lo que está situado al margen de todo deseo? ¿Qué necesidad tiene de lo exterior el que reúne en sí mismo todo lo que le pertenece? Pero al que aspira a la virtud, aunque esté muy adelantado, le es necesaria una cierta indulgencia por parte de la fortuna, si todavía está debatiéndose entre circunstancias humanas, mientras no ha roto las ataduras y todos los vínculos mortales. Entonces, ¿cuál es la diferencia? Que unos están fuertemente encadenados, agarrotados incluso; el que ha avanzado hasta las zonas superiores y se ha elevado más arrastra una cadena liviana; aun no siendo todavía libre, se le tiene por libre.[38]

17.1. De modo que, si alguno de los que profieren ladridos contra la filosofía dice lo que suelen: «Entonces, ¿por qué tus palabras aspiran a más que tu vida? ¿Por qué bajas la voz ante tus superiores, y consideras el dinero un instrumento necesario para ti y te alteras con su pérdida? ¿Por qué al escuchar la noticia de la muerte de tu mujer o de un amigo derramas lágrimas? ¿Por qué tienes en tal consideración la gloria, y te afectas por conversaciones malignas? **2.** ¿Por qué tus campos están más cuidados de lo que pide un uso natural? ¿Por qué no cenas según las normas que das? ¿Por qué tienes un mobiliario tan resplandeciente? ¿Por qué en tu casa se bebe un vino más viejo que tú? ¿Por qué se expone el oro a la vista de todos? ¿Por qué se plantan árboles destinados a no dar más que sombra? ¿Por qué tu mujer lleva en las orejas las riquezas de una familia con posibles?[39] ¿Por qué a los esclavos jóvenes se les viste con trajes valiosos?[40] ¿Por qué es todo un arte, en tu casa, el servir la mesa, la plata no se coloca porque sí, a placer, sino que se amontona sabiamente, y hay un especialista para trinchar las piezas?» Añade si te parece: «¿Por qué tienes posesiones al otro lado del mar?[41] ¿Por qué son más de las que conoces? ¿Por qué eres tan vergonzosamente descuidado que no conoces a tus escasos esclavos, o tan poderoso que tienes más de los que te es posible recordar?»

3. Más adelante colaboraré a los insultos y me reprocharé más de lo que piensas; ahora te contesto lo siguiente: no soy sabio y —para alimentar tu malevolencia— no lo seré. De modo que exígeme, no que sea igual a los mejores, sino mejor que los peores. Esto me es suficiente: eliminar cada día alguno de mis vicios y luchar contra mis errores. 4. No he alcanzado la cordura, tampoco la alcanzaré; alivios más que remedios compongo para mi gota, contento si los accesos son menos frecuentes y si no da pinchazos. Evidentemente, si me comparo con vuestros pies, hombres débiles, soy un corredor. No digo esto por mí —pues yo estoy en lo más hondo de todos los vicios—, sino por aquel que ya ha conseguido algo.

18.1. —De una manera —dices— hablas, de otra vives—. Esto, seres perversos, encarnizados enemigos de los mejores, se le reprochó a Platón, se le reprochó a Epicuro, se le reprochó a Zenón,[42] pues todos ellos decían no cómo vivían personalmente, sino cómo debieran vivir. De la virtud hablo, no de mí; me enfrento a los vicios, en primer lugar a los míos. Cuando pueda, viviré como es debido. 2. Y esta malignidad, teñida en abundante veneno, no me apartará de los mejores; tampoco esa podre con que rociáis a otros, con que os matáis a vosotros mismos, me impedirá continuar alabando una vida que no llevo, pero sé que debe llevarse; no me impedirá adorar la virtud y seguirla, arrastrándome, a una gran distancia. 3. ¿Voy a esperar, sin duda, que algo sea inviolable para la malevolencia, si no fue sagrado para ella ni Rutilio ni Catón? ¿Alguien se va a preocupar de parecerle demasiado rico a personas para quien Demetrio el Cínico es poco pobre? Un hombre de enorme carácter, que luchaba contra todas las imposiciones de la naturaleza, más pobre que los demás cínicos, precisamente porque al prohibirse poseer algo se prohibió también pedir, dicen que no estaba lo bastante necesitado. Ya lo estás viendo: no hizo gala de conocer la virtud, sino la pobreza.

19.1. Dicen que Diodoro,[43] filósofo epicúreo, que hace unos cuantos días puso fin a su vida por su propia mano, no actuó según los preceptos de Epicuro, porque se cortó la garganta; unos quieren que esta acción suya parezca una locura, otros una temeridad. Entretanto él, feliz y lleno de buena conciencia, dio testimonio de sí mismo abandonando la vida, alabó la paz de su vida, pasada anclado en el puerto, y dijo una frase que vosotros escucháis a disgusto, como si tuvierais que aplicárosla también:

he vivido y recorrido el camino que la fortuna me había concedido.[44]

2. Discutís sobre la vida de uno, sobre la muerte de otro y, ante el nombre de personajes destacados por alguna gloria extraordinaria, ladráis como los perros diminutos al paso de hombres desconocidos. En efecto, os conviene que nadie os parezca bueno, como si la virtud fuese un reproche a los defectos de todos vosotros. Llenos de envidia comparáis el resplandor con vuestras miserias y no comprendéis qué perjuicio significa para vosotros esta osadía. En efecto, si los que siguen a la virtud son avaros, ansiosos de placeres y de poder, ¿qué sois vosotros que sentís odio incluso ante el mero nombre de la virtud? 3. Decía que nadie cumple lo que dice ni vive ateniéndose al modelo de sus discursos: ¿qué de extraño hay en ello, si se habla de hazañas de enorme valor que escapan a todas las vicisitudes humanas? Aunque intentan desclavarse de las cruces —a las que cada uno de vosotros aporta sus clavos personalmente—, cuando se les lleva al suplicio pende cada uno de un solo palo; estos que llaman la atención sobre sí mismos se ven desgarrados por tantos placeres como cruces hay.[45] En cambio, son maledicentes e ingeniosísimos cuando se trata de ofender a otros. Podría creer que están libres de este defecto, si no fuera porque algunos, desde el patíbulo, escupen a los espectadores.

20.1. —No hacen los filósofos lo que dicen—. Sin embargo, hacen mucho con hablar, con concebir las cosas honestamente. ¡Ojalá también actuaran igual que se expresan! ¿Qué mayor felicidad habría para ellos? Mientras tanto no tienes por qué despreciar las buenas palabras y las entrañas llenas de buenos pensamientos: también debe alabarse la entrega a afanes útiles, incluso al margen de los resultados. 2. ¿Qué de extraño hay en que no lleguen a la cima los que han intentado una escalada? Pero si eres un hombre, fija tu mirada en los que intentan grandes hazañas, aunque fallen. Es noble que el que pone su mirada no en sus fuerzas, sino en las de su naturaleza, intente empresas elevadas: que incluso la gente dotada de un gran espíritu conciba en su mente mayores tareas de las que puede realizar. 3. El que se ha propuesto esto: «Yo contemplaré la muerte con la misma expresión con que oigo hablar de ella. Yo me someteré a las fatigas, sean lo grandes que sean, apoyando el cuerpo en el espíritu. Yo despreciaré de igual modo las riquezas presentes y ausentes, y no me sentiré más triste si se encuentran en otro lugar, ni más animado si brillan en torno a mí. Yo no percibiré si la fortuna viene o se aleja. Yo veré todas las tierras como si fueran mías, las mías como si fueran de todos. Yo viviré igual que si supiera que he nacido para los demás y diera las gracias a la naturaleza por esa razón; en efecto, ¿de qué mejor manera hubiera podido proteger mis intereses? Me he entregado, ser aislado, a todos, todos a mí solo. 4. Todo lo que tengo ni lo protegeré con tacañería ni lo derrocharé con exceso; creeré que no poseo más que lo que se me ha entregado con justicia. No voy a calibrar los favores, ni por el peso ni por valoración alguna que no sea la de quien lo recibe; nunca será para mí excesivo lo que recibe un hombre digno. No haré nada en función de la opinión, lo haré todo en función de mi conciencia. Creeré que todo lo que hago con mi sola complicidad se hace a la vista de todo el mundo. 5. El límite de la comida y de la bebida será el aplacar las necesidades naturales, no llenar la tripa e hincharse. Seré agradable para los amigos, delicado y amable con los enemigos. Me dejaré convencer antes de que se me haga un ruego, y me adelantaré a las peticiones razonables. Sabré que mi patria es el mundo, y que los dioses son sus tutores; que estos están por encima de mí y en torno a mí tomando nota de acciones y palabras. Y cuando la naturaleza venga en busca de mi espíritu, o la razón lo deje marchar,[46] saldré a atestiguar que he amado la buena conciencia, los buenos estudios, que por mí no ha quedado disminuida la libertad de nadie, mucho menos la mía.» Quien se proponga hacer esto, lo quiera, lo intente, emprenderá el camino hacia los dioses y, aunque no lo consiga:

al menos cayó víctima de grandiosa audacia.[47]

6. Vosotros que, por cierto, odiáis la virtud y a quien la cultiva, no hacéis nada bueno. En efecto, también los ojos enfermos sienten temor del sol, y rehúyen el resplandor del día los animales nocturnos; quedan atónitos ante su primer albor y se dirigen de uno y otro lado a sus guaridas, se esconden en algunas grietas, temerosos de la luz. Lamentaos y entrenad vuestra desdichada lengua en insultar a los hombres buenos, abrid la boca: mucho antes os romperéis los dientes que haréis mella.

21.1. —¿Por qué ese es amante de la filosofía y lleva esa vida tan opulenta? ¿Por qué dice que hay que despreciar las riquezas y las posee, piensa que hay que despreciar la vida y, sin embargo, sigue viviendo, que hay que despreciar el bienestar físico y, sin embargo, se preocupa cuidadosamente de él y prefiere que sea excelente su salud? También piensa que el exilio es un nombre vacío y dice: «¿Qué hay de malo en cambiar de lugar?», y, sin embargo, si le es posible, envejece en su patria. También opina que entre una vida larga y una más breve no hay diferencia alguna y, sin embargo, si nada se lo impide, la prolonga y se mantiene vigoroso plácidamente en plena vejez—. 2. Dice que hay que despreciar todo esto, no para no poseerlo, sino para no poseerlo con preocupaciones; no lo aparta de sí, pero cuando se aleja lo sigue sin preocupación. Y es cierto que ¿dónde va a depositar la fortuna sus riquezas con más seguridad que allí de donde va a recibirlas sin quejas del que las devuelve? 3. Catón al tiempo que alababa a Curio y Coruncanio[48] y la época en que era un crimen contra la hacienda el tener una pequeña lámina de plata,[49] poseía cuatro millones de sestercios, menos sin duda que Craso,[50] más que Catón el Censor.[51] Si lo comparásemos hubiera vencido a su bisabuelo por mayor ventaja que él fue vencido por Craso, y si le hubiesen correspondido mayores riquezas, no las hubiese despreciado. 4. Pues el sabio no se considera indigno de ningún bien de la fortuna: no ama las riquezas, pero las prefiere; no las acoge en su espíritu, sino en su casa; no rechaza las que posee, sino que las controla y quiere que le proporcionen mayor material a su virtud.

22.1. ¿Y qué duda hay de que para un hombre sabio sea mayor la oportunidad de desplegar su espíritu en las riquezas que en la pobreza, dado que en esta última el único tipo de virtud es no doblegarse ni hundirse, en las riquezas tienen campo abierto la moderación, la generosidad, la entrega, la buena disposición, la esplendidez? 2. No se despreciará el sabio aunque sea de pequeña estatura: querrá ser alto. Y el canijo de cuerpo o el tuerto se sentirá fuerte, sin embargo, preferirá tener fuerza física, pero de modo que sepa que en él hay algo más fuerte; tolerará la mala salud, deseará la buena. 3. Pues algunas cosas, aunque son despreciables en conjunto y pueden ser eliminadas sin desastre para el bien principal, añaden algo a la alegría constante que nace de la virtud; de modo que le afectan y entretienen las riquezas como al navegante un viento favorable que lo empuja, como un día bueno y un lugar soleado en medio de la bruma y el frío. Además, ¿quién de entre los sabios —me refiero a los nuestros, para quienes el único bien es la virtud— niega que, incluso las cosas que llamamos indiferentes tengan algún valor por sí mismas, y que unas sean preferibles a otras?[52] A algunas de ellas se les concede algún valor, a otras mucho; de modo que, para que no te equivoques, entre las preferibles están las riquezas.[53] 5. —Entonces, ¿por qué te burlas de mí —dices— siendo así que ocupan el mismo lugar para ti que para mí?—. ¿Quieres saber cómo no ocupan el mismo lugar? Si las riquezas me desaparecen, no se llevarán nada más que a sí mismas; tú quedarás atónito y, si se apartan de ti, creerás que te has quedado sin ti; para mí las riquezas ocupan un lugar, para ti el más importante; para terminar, las riquezas son mías, tú eres de las riquezas.

23.1. Deja, por tanto, de prohibir el dinero a los filósofos: nadie ha condenado a la sabiduría a ser pobre. Tendrá el filósofo amplias riquezas, pero no arrebatadas a nadie, ni empapadas en sangre ajena, surgidas sin inferir injusticia a nadie, sin sórdidos negocios; su salida debe ser tan honrosa como su entrada, nadie debe lanzar lamentos por ellas sino el malvado. Acumula cuantas quieras: son honestas en manos de ellos porque, aunque sean muchas las que cada cual quisiera que se consideraran suyas, no hay nada que alguien pueda considerar suyo. 2. Y él no apartará de sí mismo los beneficios de la fortuna, ni se gloriará ni se ruborizará ante un patrimonio adquirido por medios honestos. Sin embargo, también tendrá de qué gloriarse, si después de abrir la casa y admitir a los ciudadanos en sus posesiones, puede decir: «Que cada cual se lleve lo que reconozca.» ¡Qué gran hombre, qué extraordinario rico, si después de esta frase sigue teniendo lo mismo! Así lo digo: si con plena seguridad y sin preocupaciones ha facilitado una investigación a la gente, si nadie ha encontrado en su casa nada que reclamar,[54] será rico sin restricciones, abiertamente. 3. El sabio no admitirá dentro de sus umbrales ni una moneda de procedencia dudosa;[55] asimismo no rechazará ni excluirá las grandes riquezas, los dones de la fortuna y el fruto de la virtud. Pues ¿qué razón hay para que vea mal que se les conceda un buen lugar? Que vengan, que se alojen. Ni se jactará de ellas, ni las esconderá —lo uno es propio de un espíritu falto de sensibilidad, lo otro de uno tímido, apocado, que las acoge en su seno como si fueran un gran bien—, ni, como dije, las arrojará de su casa. 4. Pues ¿qué dirá? ¿Acaso «sois inútiles» o «yo no sé utilizar las riquezas»? Del mismo modo que podía recorrer el camino también por su propio pie, aunque preferirá subir a un vehículo, asimismo podrá ser pobre, querrá ser rico. De modo que tendrá riquezas, pero como si fueran ligeras y destinadas a volatilizarse, y no permitirá a nadie, tampoco a sí mismo, que le sean gravosas. 5. Hará donaciones —¿por qué aguzáis el oído, por qué preparáis el bolso?—, hará donaciones a los buenos o a aquellos que pueda hacer buenos; hará donaciones seleccionando con sumo cuidado a los más dignos, como quien recuerda que hay que dar cuentas, tanto de los gastos como de las ganancias; hará donaciones de acuerdo con una causa justa y digna de aprobación. En efecto, entre las pérdidas vergonzosas se encuentra un donativo mal hecho. Tendrá la bolsa fácil, no agujereada, de modo que salga mucho y nada se pierda.

24.1. Se equivoca el que piensa que hacer regalos es fácil: lleva consigo muchas dificultades, si es que las concesiones se hacen reflexivamente, no se esparce al azar e impulsivamente. A este me lo gano, a aquel se lo devuelvo; vengo en ayuda de este, me compadezco de este otro; a aquel lo considero digno de que la pobreza no le disturbe ni lo tenga ocupado; a algunos no les daré nada, aunque les falte, porque aunque les dé, les va a faltar; a algunos les ofreceré, a otros incluso se lo meteré a la fuerza. No puedo ser descuidado en este aspecto; nunca hago mejor inversión que cuando doy. 2. —¿Cómo? ¿Tú —dices— das para recibir?—. Más bien para no perder, la donación debe colocarse en un lugar de donde no haya que reclamarla, de donde pueda devolverse. Colóquese el favor igual que un tesoro enterrado en lo hondo: no se te ocurre desenterrarlo si no es necesario. 3. E incluso la casa de un hombre rico, ¡cuánto material ofrece para hacer el bien! Pues ¿quién invoca la generosidad solo para con los ciudadanos? La naturaleza me ordena prestar servicios a los hombres. Si estos son esclavos o libres, libres de nacimiento o manumitidos, si su libertad es legal o aceptada entre los amigos, ¿qué importa? Donde quiera que está el hombre, allí hay posibilidad de hacer el bien. De modo que el dinero también puede derramarse dentro de los propios umbrales y practicar la generosidad, que es así llamada, no porque se aplique a los hombres libres, sino porque procede de un espíritu libre.[56] En el sabio nunca se impone a personas vergonzantes e indignas, y nunca anda tan agotada que no fluya como si estuviera llena siempre que se encuentra a alguien digno. 4. Por tanto, no hay razón para que interpretéis erróneamente las cosas que dicen con honestidad, energía, coraje los amantes de la sabiduría. Y escuchad esto en primer lugar: una cosa es el amante de la sabiduría, otra el que ha alcanzado la sabiduría.[57] El uno te dirá: «Hablo muy bien, pero todavía me debato entre múltiples males. No hay razón para que me reduzcas a mi teoría: me estoy formando con todo interés, me estoy haciendo y me elevo hacia un modelo inmenso; si avanzo todo cuanto me he propuesto, exige que los hechos respondan a las palabras.» Y el que ha conseguido el sumo bien tratará contigo de otra manera y dirá: «En primer lugar, no tienes por qué permitirte opinar sobre los mejores; en cuanto a mí, ya me ha sucedido el disgustar a los malos, hecho que es indicio de rectitud. 5. Pero, para darte razones, que no niego a ningún mortal, escucha lo que prometo y en cuánto valoro cada cosa. Digo que las riquezas no son un bien, pues, si lo fueran, harían buenas a las personas; pues bien, ya que lo que encontramos entre la gente mala no puede llamarse bien, yo les niego ese nombre. Por lo demás reconozco que hay que poseerlas, que son útiles y aportan a la vida grandes ventajas.

25.1. Por tanto, ¿qué razón hay para que no las cuente entre los bienes, y por qué me manifiesto a este respecto de otra manera que vosotros, ya que entre ambos hay acuerdo de que deben poseerse? Escuchadlo. Colócame en una casa riquísima, colócame donde se use, por lo general, oro y plata: no me enorgulleceré por cosas que, aunque estén en mi casa, me son con todo ajenas. Trasládame al Puente Sublicio,⁵⁸ arrójame entre los mendigos: no por ello me despreciaré por haber tomado asiento entre el número de aquellos que extienden su mano por una moneda. Pues ¿qué importa el que falte un pedazo de pan a quien no le falta la posibilidad de morir? ¿Y entonces? Prefiero aquella casa resplandeciente al puente. 2. Colócame entre vasijas resplandecientes y un ambiente refinado: no me creeré feliz por tener un manto de suave tejido, porque a los pies de mis invitados se extienda la púrpura. Cambia mis ropajes: en absoluto seré el más desdichado si mis espaldas cansadas se posan sobre un manojo de heno, si me recuesto sobre un colchón de pobre que se sale por las costuras de un trapo viejo.⁵⁹ ¿Y entonces? Prefiero, (...) mostrar cuál es mi ánimo, vestido de la pretexta, que con los hombros desnudos (...). 3. Que todos los días salgan según mis deseos. Que nuevos motivos de regocijo se acumulen sobre los anteriores: no por eso voy a gustarme. Cambia en sentido contrario la buena marcha de las circunstancias, que de un lado y otro se sienta sacudido el espíritu a consecuencia de las pérdidas, del duelo, de distintos ataques; que ninguna hora quede sin queja: no por eso me diré desgraciado entre las situaciones más desgraciadas, no por eso renegaré de un día, pues he tomado la decisión de que ningún día me fuese aciago. ¿Y entonces? Prefiero moderar las alegrías a recortar los dolores.» 4. El ilustre Sócrates te dirá: «Hazme vencedor de todos los pueblos, que el refinado carro de Baco me lleve en triunfo hasta Tebas desde el lugar por donde sale el sol, que los reyes me pidan justicia: pensaré ante todo que soy un hombre, aunque se me salude por todos lados como si fuera un Dios. Une a esta colocación tan elevada un cambio repentino, inmediato: colóqueseme sobre unas angarillas extranjeras, destinado a adornar la procesión de un vencedor soberbio y fiero, no marcharé más humillado al pie del carro de otro de lo que lo estaba en el mío. ¿Y entonces? Prefiero, con todo, vencer a ser cautivo. 5. Despreciaré el reino entero de la fortuna, pero, si se me da a elegir, tomaré de él lo mejor. Cualquier cosa que a mí venga se convertirá en un bien, pero prefiero que vengan más fáciles y más agradables, y que no zahieran a quien las maneja. No tienes por qué pensar que hay alguna virtud sin esfuerzo, pero algunas virtudes necesitan que se las espolee, otras que se las frene. 6. Tal como el cuerpo debe ser retenido en una pendiente, empujado ante una cuesta, así algunas virtudes están en la pendiente, otras están al pie de una subida. ¿Acaso hay duda de que la paciencia, la fortaleza, la constancia, cualquier otra virtud que se enfrenta a situaciones difíciles, suben, se esfuerzan, luchan y dominan sobre la fortuna? ¿Entonces? ¿No es igual de claro que la generosidad, la moderación, la mansedumbre marchan por terreno inclinado? En estas retenemos el espíritu para que no se deslice, en aquellas lo animamos y lo espoleamos intensamente. Por tanto, adjudicaremos a la pobreza las que son luchadoras más resistentes, a las riquezas aquellas más cuidadosas, que dejan el paso en suspenso y retienen sus impulsos. 8. Pues que así se ha hecho la división, prefiero tener en uso aquellas que se practican con tranquilidad, a aquellas cuya aplicación cuesta sangre y sudor. Por tanto, yo —dice el sabio—, no es que viva de modo distinto a como hablo, sino que vosotros lo oís de otro modo; solamente llega a vuestros oídos el sonido de las palabras, no preguntáis qué significan.»

26.1. —Entonces, ¿qué diferencia hay entre yo, que soy un estúpido, y tú, que eres un sabio, si uno y otro queremos poseer?—. Muchísima, pues las riquezas en manos del hombre sabio son esclavas, en manos del estúpido dominan; el sabio no permite nada a las riquezas, a vosotros las riquezas todo; vosotros, como si alguien os hubiera prometido su eterna posesión, os acostumbráis, os adherís a ellas; el sabio medita sobre la pobreza, especialmente cuando queda en medio de las riquezas. 2. Nunca el general confía en la paz hasta el punto de no prepararse para la guerra, guerra que, aunque no se lleve a cabo, está declarada. A vosotros una casa hermosa, como si no pudiera arder o derrumbarse, os llena de orgullo; a vosotros las riquezas os dejan boquiabiertos, como si desafiaran todo peligro y las considerarais demasiado grandes para que la fortuna con sus fuerzas pudiera consumirlas. 3. En medio del ocio os entretenéis con las riquezas y no prevéis que corren peligro; igual muchas veces los pueblos extranjeros asediados, desconocedores de las máquinas de guerra, contemplan inactivos los esfuerzos de los sitiadores y no entienden a qué van encaminados los aparatos que se montan a lo lejos. Lo mismo os sucede a vosotros: os marchitáis en medio de vuestras cosas y no pensáis cuántas circunstancias os amenazan por todos lados cada vez más dispuestas a llevarse valiosos despojos. Quienquiera que se lleve las riquezas del sabio le dejará todo lo suyo, pues vive contento con los bienes presentes, despreocupado del futuro. 4. Dice el ilustre Sócrates, o algún otro que sienta la misma inclinación hacia las cosas humanas, o disfrute del mismo poder: «De nada estoy más persuadido que de no adaptar el transcurso de mi vida a vuestras opiniones. Reunid de un lado y otro las palabras de siempre, pensaré no que me estáis insultando, sino que lloráis como niños desgraciadísimos.» 5. Dirá esto aquel a quien haya correspondido la sabiduría, aquel a quien su espíritu, inmune a los vicios, le ordena reprender a otros, no porque los odie, sino para poner remedio. Añadirá: «Vuestras apreciaciones me conmueven no por mí, sino por vosotros, porque el odiar y hostigar la virtud es renunciar a la esperanza (...) No me ofendéis en absoluto, como tampoco los que derriban los altares ofenden a los dioses. Pero son evidentes las intenciones y los malos pensamientos, incluso allí donde no pueden perjudicar. 6. Tolero vuestras fantasías, tal como Júpiter Optimo Máximo tolera las tonterías de los poetas: uno le impone alas, otro cuernos, otro lo presenta como adúltero y pernoctando fuera, otro cruel para con los dioses, otro injusto para con los hombres, otro raptor de hombres libres e incluso de sus parientes, otro parricida y conquistador de un reino que no era suyo, sino de su padre.[60] Con todo esto no se ha conseguido más que quitar el pudor del pecado a los hombres, en caso de que lleguen a creer en tales dioses. 7. Pero, aunque nada de esto me hiera, os aconsejo por vuestro bien: ensalzad la virtud, creed a quienes, después de seguirla largo tiempo, dicen a gritos que están siguiendo algo importante, que se muestra mayor de día en día; veneradla como a los dioses, y a quienes la enseñan como a sus sacerdotes, y siempre que se introduzca la mención de los escritos sagrados guardad un silencio respetuoso.[61] Pues esta palabra no procede, como muchos piensan, de "favor", sino que ordena silencio para que el rito pueda celebrarse sin que palabras malignas lo entorpezcan; y es mucho más necesario ordenarlo a vosotros, para que, siempre que el oráculo manifieste algo, lo escuchéis con atención y reteniendo las palabras. 8. Cuando alguien, sacudiendo el sistro, miente porque se le ordena; cuando alguien, experto en hacerse cortes en los brazos, llena de sangre hombros y espalda manteniendo en alto la mano; cuando una mujer, arrastrándose sobre sus rodillas por la calle, da alaridos, y un viejo, vestido de lino, llevando en pleno día un laurel y una lámpara, proclama a gritos que un dios está encolerizado, acudís corriendo, escucháis y aseguráis que es un ser divino, alimentando mutuamente vuestro estupor.»[62]

27.1. He aquí que Sócrates, desde aquella cárcel que purificó con su entrada y convirtió en más honrosa que cualquier Senado, proclama: «¿Qué locura es esta, qué naturaleza esta, contraria a los dioses y a los hombres: desprestigiar las virtudes y violar lo sagrado

50

con palabras maliciosas? Si podéis, alabad a los buenos, si no, pasad de largo; y si decidís practicar esta siniestra libertad, lanzaos los unos sobre los otros. Pues cuando enloquecéis contra el cielo, no digo que estéis cometiendo un sacrilegio, sino que estáis perdiendo vuestro tiempo. 2. Yo proporcioné en una ocasión materia de burla a Aristóteles, toda aquella caterva de poetas cómicos derramó sobre mí sus chistes envenenados;[63] mi virtud quedó destacada, gracias a esos mismos medios con los que se me atacaba; le fue ventajoso quedar a la vista y sufrir los ataques, y nadie entiende mejor cuán grande es que los que hostigándola percibieron su fuerza: la dureza del sílex es conocida, sobre todo, por quienes lo golpean. 3. Me presento igual a una roca aislada en un mar poco profundo; las olas no dejan de azotarla por cualquier lado que se muevan, y no por ello la desplazan de su sitio o la desgastan con sus frecuentes ataques a lo largo de tantas generaciones. Saltad sobre mí, atacadme: soportándolo os venceré. Cualquier cosa que se lance sobre un objeto firme e inexpugnable gasta su energía en perjuicio propio. Por eso debéis buscar una materia blanda, moldeable, para que sobre ella se fijen vuestros dardos. 4. ¿Y tenéis tiempo de analizar las desgracias ajenas y opinar sobre alguien? "¿Por qué este filósofo tiene tanto espacio para vivir? ¿Por qué este cena con tanto lujo?" ¿Observáis los granos ajenos, cubiertos como estáis de numerosas úlceras? Esto es como si alguien se burlara de los lunares y verrugas en cuerpos bellísimos, cuando lo está devorando una asquerosa roña. 5. Reprochad a Platón el que pidiera dinero,[64] a Aristóteles el que lo aceptara,[65] a Demócrito el que no se interesara por él,[66] a Epicuro el que lo gastara,[67] a mí mismo echadme en cara a Alcibíades y Fedro,[68] vosotros que os sentís especialmente felices cuando os ha tocado imitar nuestros vicios. 6. ¿Por qué no examináis mejor vuestros defectos que os están hundiendo por todas partes, unos avanzando desde el exterior, otros ardiendo en vuestras mismas entrañas? No están las cosas humanas, aunque conozcáis poco vuestra situación, como para que os dé tiempo suficiente para agitar la lengua murmurando de los mejores.

28.1. Vosotros no os dais cuenta de esto y adoptáis un aspecto que no casa con vuestra fortuna, tal como muchos que, mientras se entretienen en el circo o en el teatro, la muerte ya ha entrado en su casa y no se les ha anunciado la desgracia. En cambio, yo, lanzando la mirada desde lo alto, veo qué tempestades nos amenazan a punto de romper ya enseguida su nimbo, o ya próximas se han acercado más, a punto de arrebataros junto a lo vuestro. ¿Qué más? ¿Tal vez ahora incluso, aunque vuestra sensibilidad es escasa, un torbellino hace girar vuestros espíritus y atrapa a los que huyen en busca de eso mismo, y elevándolos unas veces hacia arriba, precipitándolos otras al abismo... ?»...

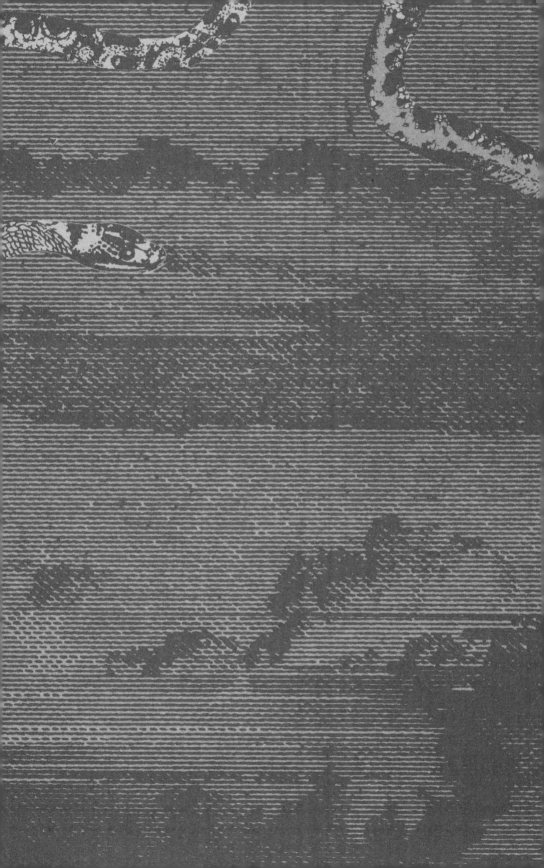

Sobre
el ocio

INTRODUCCIÓN

El destinatario es el mismo del diálogo *Sobre la firmeza del sabio*, por lo menos así suele aceptarse, aun cuando en el código Ambrosiano C. 90 inf., en el índice de las obras contenidas en el mismo está raspado el nombre del destinatario de este tratado. Las razones que se esgrimen para identificar al destinatario con Sereno es la semejanza del tema con el de los otros diálogos dedicados a este personaje: *Sobre la firmeza...* y *Sobre la serenidad*, y la uniformidad de rasgos del destinatario en los tres. Después de una etapa en que se aceptaba casi como indiscutible esta identificación,[1] ahora se tiende a ponerlo en duda, o cuando menos a abstenerse de dar una opinión rotunda,[2] incluso algún investigador aislado propone el nombre de Lucilio en sustitución del de Sereno.[3]

La datación del tratado, que nos ha llegado muy mutilado, carente del principio y del final se hace imposible si no es Sereno el destinatario. Efectivamente, si este diálogo que ahora nos ocupa está dirigido a Sereno, se vería en él la culminación de un proceso de su conversión al estoicismo;[4] de hecho, las posturas actualmente son mucho más cautelosas; incluso, aun admitiendo la hipótesis de que sea Sereno el destinatario, se formulan muchas reservas ante cuál es la situación espiritual del mismo con respecto a los otros dos diálogos.[5] La consecuencia es la imposibilidad de datar el tratado. Es más, el establecer una relación temática con la retirada de Séneca de la vida política, que nos llevaría al año 62, resulta hipotético en cuanto a la identificación con esa fecha en concreto, puesto que no se sabe si tal actitud se dio una sola vez en la vida de Séneca.[6]

El carácter incompleto de la obra no permite analizar bien su estructura.

SINOPSIS

Ventajas del ocio: el alejamiento de los demás nos permite reflexionar (1, 1-3). A eso se puede objetar que tal doctrina no es la sustentada por el estoicismo (resto de 1). Séneca responde que, aun cuando así fuera, es preferible no apartarse de los ejemplos a seguir la doctrina en su apariencia literal (2). De todos modos la práctica del ocio no contraviene los preceptos estoicos (3). Imagen de los dos Estados, el universal y el que nos corresponde en la tierra. El servir al primero exige el ocio y lleva consigo la contemplación (4-5). Se puede objetar que la finalidad perseguida por quien contempla y admira el universo no es otra que el placer. Pero también puede ser esa la motivación de la actividad política. Los beneficios que el sabio rinde a la humanidad entregándose al servicio del Estado universal son enormes (6).

Hay tres tipos de vida: la que persigue el placer, la contemplativa y la activa. Y, en la realidad, ninguna de ellas se da sin mezcla. Añade una precisión: el ocio solo tiene sentido cuando las circunstancias exteriores no permiten al sabio entregarse a la política (7-8).

Sobre

el ocio

I.I. ...nos lanzan unánimemente a los vicios. Aunque no intentemos nada que sea beneficioso, será provechoso alejarse voluntariamente: seremos mejores por separado. ¿Qué me dices de que sea posible apartarnos en busca de los hombres de más valía y elegir un modelo al que encaminar la vida? Y esto no sucede más que en el ocio; entonces puede conseguirse lo que una vez se ha decidido, cuando no interviene nadie que, con la colaboración de la gente, tuerza el criterio todavía falto de vigor. Entonces puede avanzar la vida según pautas uniformes y coherentes, la vida que desgarramos con propósitos enfrentados. 2. En efecto, entre las múltiples desgracias, la peor es que cambiamos incluso de vicios. De modo que ni siquiera nos llegó a suceder el continuar inmersos en una desgracia que nos es ya familiar. Aceptamos una tras otra y nos destroza también el que nuestros criterios no solo son malos, sino inconstantes. Fluctuamos y, después de una cosa nos aferramos a otra, abandonamos lo que buscábamos, buscamos lo que hemos abandonado; son alternativas las suertes entre nuestra ambición y nuestro arrepentimiento. 3. Pues estamos pendientes por entero de las opiniones ajenas y nos parece excelente lo que cuenta con muchos

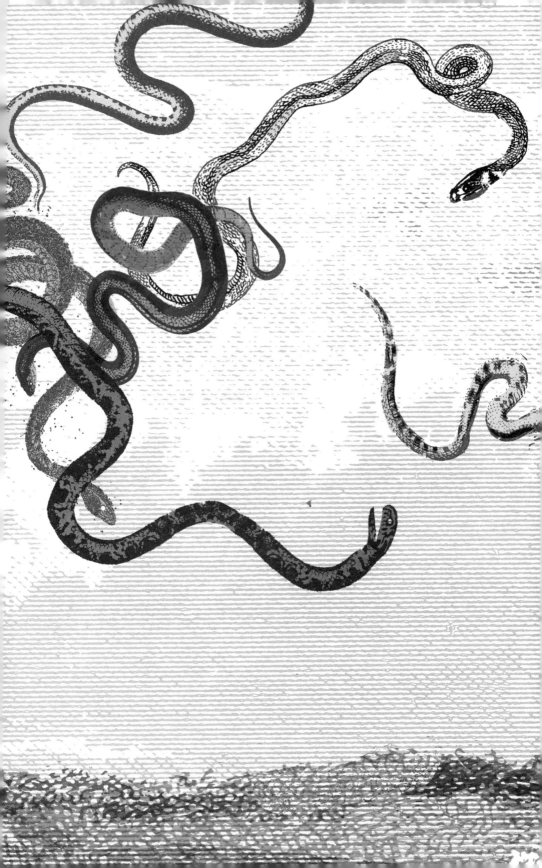

seguidores y ensalzadores, no lo que es digno de ensalzar y seguir, y no valoramos la bondad o maldad del camino por sí mismo, sino por la multitud de huellas entre las que no están las de los que vuelven.[7] 4. Me dirás: «¿Qué haces, Séneca? ¿Abandonas tu partido? Ciertamente vuestros estoicos dicen: "Hasta el último momento de la vida estaremos activos, no dejaremos de contribuir al bien común, de echar una mano a cada individuo, de ofrecer ayuda incluso a los enemigos en la medida que lo permita la vejez. Nosotros somos los que no concedemos reposo a ninguna edad y, como dice el famoso y elocuente escritor:

Cubrimos nuestras canas con el casco;[8]

nosotros somos aquellos para quienes hasta tal punto no existe el reposo antes de morir que, si la situación lo permite, ni siquiera la muerte goza de él." ¿Por qué nos hablas de los preceptos de Epicuro entre los principios del propio Zenón? ¿Por qué no abandonas totalmente, si te avergüenzas de tu partido, mejor que traicionarlo?» 5. Te contestaré, de momento, lo siguiente: «¿Acaso pretendes algo más que el que me haga semejante a mis jefes? ¿Cómo? No iré adonde me envíen, sino adonde me conduzcan.»

2.1. Ahora te probaré que no me aparto de los preceptos de los estoicos. En efecto, tampoco ellos se han apartado de los suyos propios y, con todo, estaría plenamente exculpado, aunque no siguiera sus preceptos y sí sus modelos. Lo que digo lo dividiré en dos partes: en primer lugar, para que alguien pueda entregarse desde la infancia a la contemplación de la verdad, buscar la razón de vivir y practicarla aislado; 2. después, para que alguien pueda hacer esto con todo derecho una vez cumplida su misión, en edad avanzada, y trasladar a otros sus ocupaciones, siguiendo la costumbre de las vírgenes vestales que, distribuyendo los deberes por edades, aprenden a hacer sacrificios, y cuando lo han aprendido lo enseñan.[9]

3.1. Te mostraré que también los estoicos están de acuerdo en esto, no porque me haya impuesto la obligación de no hacer ningún ataque a las palabras de Zenón y Crisipo, sino porque la situación misma permite que yo comparta su opinión, ya que si alguien siempre coincide con el mismo, no está en el Senado, sino en un partido. ¡Ojalá, por cierto, todo encajase, y la verdad estuviese al descubierto y evidente, y no cambiáramos nada de lo establecido! Ahora buscamos la verdad con los mismos que la enseñan. **2.** En este punto las dos sectas que más disienten son la de los estoicos y los epicúreos, pero ambas nos encaminan al ocio por distintos senderos. Epicuro dice: «No participará en política el sabio a no ser que suceda algo»;[10] Cenón, dice: «Participará en política a no ser que algo se lo impida.»[11] **3.** El uno pretende el ocio como punto de partida, el otro como consecuencia, y las causas son muy amplias. Si la situación política está tan corrompida que no es posible prestar ayuda, si está dominada por el mal, el sabio no se esforzará en vano, ni se entregará para no sacar nada; si tiene poco prestigio o poca fuerza, y la política no lo va a admitir, si su salud se lo impide, igual que no fletaría una nave agrietada, igual que no se alistaría estando enfermo, así no se internará en un camino que sabe impracticable. **4.** Por tanto, puede aquel que todavía goza de plena integridad, antes de experimentar ninguna tempestad, quedarse a seguro, entregarse por lo pronto a la práctica del bien y vivir un ocio completo, cultivando las virtudes que pueden ser practicadas incluso por los más tranquilos. **5.** Es cierto que exige al hombre que haga bien a los hombres; si puede ser, a muchos; si no, a pocos; si no, a los allegados; si no, a sí mismo. En efecto, cuando se hace útil a los demás, está actuando en pro de la comunidad. Igual que el que se hace peor no solo se daña a sí mismo, sino también a todos aquellos a los que hubiese podido beneficiar siendo él mejor, así quienquiera que se comporta bien consigo mismo beneficia a los demás, porque prepara a quien les va a beneficiar.

4.1. Abracemos en nuestro espíritu dos estados: el uno grande y verdaderamente común a todos, en el que se incluyen dioses y hombres, en el que no dirigimos la vista a este o aquel ángulo, sino que medimos los límites de nuestra ciudad con los del sol;[12] otro al que nos adscribió el hecho de nacer; este será el de los atenienses, el de los cartagineses, o el de cualquier otra ciudad que no pertenezca a todos los hombres, sino a unos en concreto. Algunos se entregan al mismo tiempo a ambos Estados, al mayor y al menor, algunos solo al menor, otros solo al mayor. **2.** A este Estado mayor podemos servirle también en el ocio, aún diré más, no sé si mejor en el ocio: para plantearnos qué es la virtud, si es una o múltiple,[13] si la naturaleza o la enseñanza hace buenos a los hombres; si es uno lo que abraza mares, tierras y está incluido en mar y tierras, o si Dios ha esparcido muchos cuerpos similares; si es continua y plena toda materia de la que todas las cosas proceden, o rala, y el vacío está mezclado a lo sólido; cuál es la sede de Dios, si contempla su obra o interviene, si la rodea exteriormente o está incluido en el todo; si el universo es inmortal o hay que contarlo entre lo caduco, entre lo que nace con un fin. Quien contempla estas cosas, ¿qué ofrece a Dios? Que tan gran obra suya no quede sin testigos.

5.1. Solemos decir que el mayor de los bienes es vivir de acuerdo con la naturaleza;[14] la naturaleza nos engendró para ambas cosas: la contemplación y la acción. Probemos ahora lo que hemos dicho antes. ¿Para qué? ¿No quedará probado, si cada cual delibera consigo mismo, cuán grande es su deseo de conocer lo ignorado, cómo vibra ante cualquier relato? **2.** Algunos navegan y sufren las fatigas del viaje larguísimo con una condición: conocer algo escondido y lejano. Esto atrae a las gentes a los espectáculos, esto obliga a escudriñar lo que está encerrado, a investigar lo que está oculto, a revolver las antigüedades,[15] a escuchar las costumbres de los pueblos extranjeros. **3.** La naturaleza nos concedió un carácter curioso y, consciente de su habilidad y de su belleza, nos engendró como espectadores de tan magno espectáculo; estaba destinada a perder sus frutos si mostraba hechos tan grandes, tan preclaros, tan pulcra y sutilmente concebidos, de belleza tan variada, a un desierto. 4. Para que te des cuenta de que quiso que se la contemplara, no solo que se la mirara, observa qué lugar nos concedió: nos colocó en su parte central y nos concedió la visión panorámica de todo;[16] y no solo irguió al hombre, sino que con la intención de hacerlo apto para la contemplación, para que pudiera seguir los astros que se deslizan desde el orto hasta el ocaso, y llevar su rostro en torno al todo, hizo que su cabeza fuera lo más elevado y la colocó sobre un cuello flexible;[17] después sacando seis signos nocturnos y seis diurnos,[18] no dejó de desplegar ninguna parte de sí misma, para provocar, por medio de lo que había ofrecido a los ojos, el deseo de lo demás también. 5. Pues ni lo vemos todo, ni tan grande como es, sino que nuestra vista se descubre el medio de investigar y pone las bases de la verdad; de este modo la investigación pasa de lo evidente a lo oscuro y descubre algo más antiguo que el mundo mismo: de dónde han salido estos astros, cuál fue el estado de todo antes de que cada elemento se alejara para formar grupo; qué razón separa los elementos hundidos en la confusión, quién asignó su lugar a las cosas, si lo que es pesado descendió por su propia naturaleza, lo ligero voló, o si, además de la energía y el peso de los cuerpos, un poder más elevado ha impuesto su ley a cada cosa, si es verdad aquello que constituye la mayor prueba de que los hombres participan del espíritu divino: que vienen a ser a manera de chispas de los astros que han saltado a la tierra y han quedado adheridas a un lugar que no es el propio. 6. Nuestro pensamiento atraviesa las barreras del cielo y no se contenta con saber lo que se le muestra, dice: «Estoy escrutando aquello que está más allá del universo, si el espacio inmenso no tiene fondo o está encerrado dentro de unos límites que le son propios; cuál es la apariencia de los elementos excluidos, si son faltos de forma y límites, o, si ocupando un lugar idéntico en todas direcciones, están distribuidos con algún sentido; si están fijos a este universo o se han separado ampliamente de él y este da vueltas en el vacío; si son elementos indivisibles aquellos de los que se forma todo lo que existe o va a existir o su materia es continua o mutable en su totalidad; si los elementos son opuestos entre sí o no luchan, sino que colaboran por distintos procedimientos.» 7. Nacido para investigarlo, considera qué escaso tiempo ha recibido, aunque lo aproveche por entero. Aun cuando no permita que se le arrebate nada con facilidad, ni por descuido, aunque proteja sus horas con avaricia, alcance los últimos límites de la edad humana y la fortuna no trastorne nada de lo que la naturaleza estableció, el hombre es demasiado mortal para conocer lo inmortal. 8. Por eso, vivo según la naturaleza si me entrego a ella por completo, si soy su admirador y venerador. Y la naturaleza ha querido que yo haga las dos cosas: actuar y entregarme a la contemplación. Hago las dos cosas, puesto que tampoco la contemplación existe sin acción.

6.1. —Pero es distinto —dices— si te entregas a ella por placer, no exigiéndole más que la constante contemplación sin condiciones; pues es dulce y tiene sus atractivos—. A esto te respondo: también importa con qué idea participes en política, si estás siempre inquieto y nunca te tomas tiempo para elevar tu mirada de lo humano a lo divino. 2. Al igual que es muy poco aceptable el apetecer las cosas sin ningún amor a las virtudes ni cuidado del carácter y actuar sin más —pues estas cosas deben combinarse y mezclarse—, del mismo modo es un bien imperfecto y débil la virtud que se aboca al ocio sin actuar, sin mostrar nunca lo que ha aprendido. 3. ¿Quién dice que no deba poner a prueba en la práctica los progresos conseguidos, y no solo pensar en lo que hay que hacer, sino también alguna vez echar una mano y convertir en realidad lo que ha pensado? ¿Y si el obstáculo no radica en el sabio mismo, si no falta el actor, sino que faltan ocasiones de actuar? ¿Le permitirás estar aislado? 4. ¿Con qué disposición se refugia el sabio en el ocio? Para saber que también él está destinado a hacer cosas útiles a la posteridad. Ciertamente nosotros somos los que decimos que Zenón y Crisipo hicieron mayores cosas que si hubiesen conducido ejércitos, desempeñado cargos públicos, propuesto leyes; no las propusieron para una sola ciudad, sino para todo el género humano. ¿Cuál es la razón por la que tal ocio no conviene al hombre de bien? Gracias a él podría ordenar los tiempos venideros y no dirigir sus palabras a pocas personas, sino a todos los hombres de cualquier pueblo, los que son y los que fueron. 5. En resumen, pregunto si Cleantes, Crisipo y Zenón vivieron de acuerdo con las normas que propugnaban. Responderás sin dudar que vivieron tal como habían dicho que había que vivir. Ahora bien, ninguno de ellos colaboró en política. —No tuvieron —dices— la suerte o la categoría social que suele exigirse para intervenir en los asuntos públicos—. Pero esas mismas personas no pasaron su vida en la inactividad, encontraron el medio de que su reposo fuese más útil a los hombres que el ir y venir y las fatigas de otros. Por eso estos parecen haber contribuido no menos, aunque no tuvieran un cargo oficial.

7.1. Además hay tres clases de vida: entre ellas suele buscarse cuál es la mejor. La una está entregada al placer, la segunda a la contemplación, la tercera a la acción. En primer lugar, dejando al margen la discusión y dejando al margen el odio implacable que declaramos a los que siguen doctrinas opuestas, veamos si todas ellas alcanzan las mismas conclusiones bajo una u otra denominación. Ni el que da su aprobación al placer existe sin la faceta contemplativa, ni el que se vincula a la contemplación existe sin el placer, ni aquel cuya vida está destinada a la acción sobrevive sin la faceta contemplativa. 2. —Existe mucha diferencia —dices— entre que una cosa constituya el objetivo o sea accesoria al objetivo—. Supongamos que la diferencia es importante; con todo, una cosa no puede darse sin la otra: ni el uno se entrega a la contemplación sin actuar, ni el otro actúa sin entregarse a la contemplación, ni el tercero, al cual estamos de acuerdo en criticar, da su asentimiento al placer sin más, sino al placer que consigue hacer duradero gracias a la razón. De modo que también esa secta de los placeres se mantiene gracias a la acción. 3. ¿Y por qué no va a mantenerse gracias a la acción, siendo así que incluso Epicuro dice que algunas veces hay que apartarse del placer, que incluso hay que buscar el dolor, en caso de que amenace el arrepentimiento ante el placer o un pequeño dolor se tome en lugar de otro intenso? 4. ¿Adónde va a parar el decir todo esto? A hacer patente que todos aceptan la contemplación: unos la persiguen; para nosotros es un varadero, no un puerto.

8.1. Añade ahora el que, según las normas de Crisipo, es lícita la existencia del ocioso; no digo que se tolere el ocio, sino que se opte por él. Los nuestros dicen que el sabio no tiene por qué acceder a ningún cargo político; y ¿qué importa cómo se dedique el sabio al ocio —sea porque el Estado no lo tiene en cuenta, o porque él no tiene en cuenta al Estado— si el Estado les va a fallar a todos? Y siempre les fallará a quienes lo persiguen insistentemente. 2. Pregunto a qué Estado debe aproximarse el sabio. ¿Al de los atenienses, donde se condena a Sócrates, donde Aristóteles huye para no ser condenado, donde el resentimiento oprime las virtudes? Me dirás que el sabio no debe integrarse en ese Estado. Por tanto, el sabio no se integrará en el Estado cartaginés, en el que los levantamientos son constantes y la libertad es dañina para los mejores, es total la depreciación de la justicia y la bondad, la crueldad para con los enemigos es inhumana, hostil incluso para con los suyos. También de este escapará. 3. Si yo quisiera pasar revista a cada uno de ellos, no encontraría ninguno que pudiera tolerar el sabio o al que el sabio pudiera tolerar. Y si no se encuentra ese país que nosotros imaginamos, el ocio empieza a ser necesario para todos, porque lo único que podría anteponerse al ocio no existe en ningún lado.

4. Si alguien dice que lo mejor es navegar, después dice que hay que navegar por un mar en que suelen producirse naufragios y con frecuencia hay repentinas tempestades que arrastran al timonel en sentido contrario, en mi opinión, este me está impidiendo levar anclas aun cuando haga un elogio de la navegación...

Sobre

la brevedad
de la vida

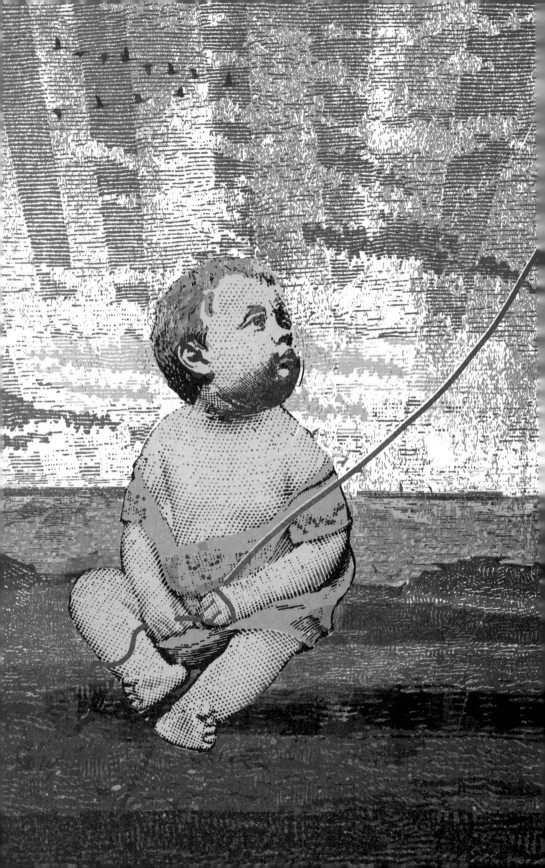

INTRODUCCIÓN

El diálogo va dirigido a Paulino. El primer problema que se presenta es identificar a ese personaje. Tenemos mención de un Paulino Pompeyo en Plinio,[1] hijo de un eques de Arles. Tácito mencionaba en sus *Anales*[2] a un Paulino, gobernador de Germania en el año 58, y que en el 62 fue llamado por Nerón para formar parte de una comisión encargada de organizar las finanzas.[3] A las dudas sobre la identificación de ambos personajes, el mencionado por Plinio y por Tácito,[4] ha sucedido la opinión generalizada de que se trata de padre e hijo.[5] El padre, Paulino Pompeyo, sería el padre de la mujer de Séneca: Paulina Pompeya, y el personaje citado por Tácito sería el hijo y hermano de Paulina. Del diálogo se deduce su cargo de prefecto de la anona,[6] cargo que suele colocarse entre los años 48 y 55, ya que anteriormente fue desempeñado por C. Turranius,[7] y posteriormente por Faenius Rufos.[8]

La datación, aparentemente sencilla, dentro de un lapso de tiempo relativamente breve: 48-55,[9] se cree que puede ser precisada por un dato que aparece en un pasaje del diálogo.[10] En él se habla de que la última ampliación del «pomerio» fue llevada a cabo por Sila; puesto que sabemos que Claudio llevó a cabo una ampliación

73

del mismo en el año 49, es lógico concluir que la fecha de redacción se sitúa entre el 48 y el 49.[11] Sin embargo, las discusiones que ha suscitado el pasaje, puesto en boca de un conferenciante que Séneca acababa de escuchar, son numerosas, y no todos los investigadores aceptan esa conclusión. Se manifiesta rotundamente en contra Herrmann,[12] y dubitante Griffin.[13]

La edición de P. Grimal nos ofrece la idea de un diálogo compuesto en dos partes: una preliminar, que sirve para centrar el problema (los nueve primeros capítulos) y una segunda, destinada a convencer de que debe seguir unas determinadas normas. La segunda parte insiste en la argumentación basada en lo *utile* y lo *honestum*.[14] Como en todos los análisis de la estructura de estos diálogos en Grimal, su solución se adapta a las normas retóricas del momento.

SINOPSIS

La vida es corta, pasa rápidamente, esta es la queja de los hombres (1). No es corta, sino larga, si sabemos hacer buen uso de ella; lo que sucede es que estamos agobiados por los vicios y ocupaciones inútiles y vanas (2). Todo el mundo es más propenso a perder el tiempo que su dinero. Si valoráramos el tiempo que perdemos... Y lo perdemos porque no somos conscientes de nuestra condición mortal (3). Ejemplo de Augusto, siempre deseoso de retirarse y siempre imposibilitado de hacerlo (4), de Cicerón (5), de Livio Druso, etc. (6-6, 4). Por muy larga que fuese la vida, se nos escaparía rápidamente. Contémplese si no en qué invierten el tiempo los hombres (6, 5-7, 2). Una de las obligaciones fundamentales del hombre debe ser el aprender a vivir y a morir. El tiempo que uno vive no es necesariamente igual al tiempo transcurrido (7, 3-7, 10). Nadie valora el tiempo, y cuando llega a la vejez, la gente se asombra

(8-9). La vida de la gente llena de ocupaciones es muy breve. La vida se divide en tres épocas: lo que ha sido, lo que es, lo que será. Tenemos pleno dominio sobre el pasado, y de él no disfrutan los hombres ocupados, ni los que son conscientes de haber obrado mal. El hombre de bien disfruta del recuerdo del tiempo pasado (10). Son más sensibles a la muerte aquellos que han desperdiciado su vida (11). Por hombre ocupado hay que entender no solo al que está entregado a sus negocios, sino al que se dedica a tonterías, el ocioso que entretiene su ociosidad con mil recursos, incluida la adquisición de conocimientos inútiles (12-13). Únicamente los sabios viven de verdad, puesto que utilizan el presente, viven recordando el pasado y gozan por adelantado del porvenir (14). Los que olvidan, desprecian su presente y temen el futuro son los que viven menos; hay que distinguir entre vivir mucho y tener la sensación de que los días son interminables (15-16). Es corto el tiempo del que disfrutan, y es que los placeres son inestables, su pérdida angustia (17).

Paulino debe retirarse y disfrutar del tiempo, reservarlo para sí mismo. Eso no significa inactividad, sino altas tareas que le sean útiles al ser humano. Debe elevar su pensamiento a cuestiones sublimes: cuál es la condición de Dios, la configuración del universo, etc. (19). Los que siempre viven pensando en alcanzar honores y se mantienen ocupados en asuntos ajenos no perciben que su vida se escapa, y la muerte los sorprende sin haber vivido (20).

Sobre

la brevedad de la vida

1.1. La mayoría de los mortales, Paulino,[15] se queja de la maldad de la naturaleza, porque nacemos para poco tiempo, porque discurre velozmente, con tal rapidez ese espacio que se nos concede que, si exceptuamos a unos cuantos, muy pocos, la vida abandona a los demás en pleno disfrute de la vida. Y no solo ante esta desgracia común, según creen, se lamenta la masa y el vulgo ignorante: esta sensación ha provocado también las quejas de hombres ilustres. De ahí la exclamación del más destacado de los médicos diciendo que «la vida es breve, la ciencia larga»;[16] 2. de ahí el proceso entablado por Aristóteles a la naturaleza, nada adecuado a un sabio: Que a los animales les ha concedido tal duración que prolongan la vida a lo largo de cinco o diez generaciones, que al hombre, nacido para tantas y tan importantes acciones, le fija un límite mucho más corto.[17] 3. No tenemos poco tiempo, sino que perdemos mucho. La vida es lo bastante larga, y se ha concedido esta amplitud para lograr cosas muy interesantes, siempre que se invierta bien; pero cuando se escapa en medio del lujo y del abandono, cuando no se dedica a nada bueno, en la angustia de los últimos momentos percibimos que se marcha lo que no comprendimos que pasaba. 4. Así es: no recibimos una vida corta, sino que la hacemos corta, y no somos pobres de ella, sino derrochadores. Tal como las riquezas abundantes, propias de un rey, cuando recaen sobre un mal dueño se disipan al momento y, en cambio, aunque modestas, aumentan con el uso si se entregan a un buen guardián, así nuestra vida es muy extensa para quien la organiza bien.[18]

2.1. ¿Por qué nos quejamos de la naturaleza? Se ha portado amablemente: la vida, si sabes usarla, es larga. Ahora bien, en uno ha hecho presa la avaricia insaciable, en otro la dedicación afanosa a trabajos sin sentido; otro se empapa de vino, otro languidece en la inactividad; otro se fatiga por su ambición siempre pendiente de los juicios ajenos, a otro la violenta pasión de comerciar lo lleva por todas las tierras, todos los mares, con la esperanza de lucro;[19] a algunos les atormenta la pasión por la milicia, siempre pendientes del peligro ajeno o angustiados por el suyo; hay gente a quien consume en una esclavitud voluntaria la entrega, no correspondida, a los superiores; 2. a muchos los retiene la ansiedad por la fortuna ajena o la insatisfacción por la propia: a la mayoría, que no van tras de nada en concreto, la frivolidad vaga, inconstante, descontenta de sí misma, los lanzó a nuevos proyectos; a algunos no les gusta lugar alguno a donde dirigir sus pasos, pero aceptan el destino del hombre aburrido que bosteza, hasta el punto de que no dudo sea verdad lo que se dijo en el más grandioso de los poetas, a manera de oráculo:

Es insignificante la parte de vida que vivimos:[20]

por lo demás, todo espacio no es vida sino tiempo. 3. Nos acosan y nos sitian los vicios por cualquier lugar y no nos permiten elevarnos o levantar la mirada para contemplar la verdad, sino que aplastan a quienes están hundidos y clavados a sus pasiones. Nunca les es posible volver sobre sí mismos; si alguna vez les cae en suerte cierta tranquilidad, fluctúan como en un mar profundo, en el que incluso pasado el viento hay oleaje, y nunca les queda la posibilidad de descansar de sus pasiones. 4. ¿Crees que estoy hablando de esa gente, cuyas desgracias son evidentes? Pon atención en aquellos a cuya felicidad acudimos: se ven ahogados bajo su bienes. ¡A cuántos les son gravosas las riquezas! ¡A cuántos su elocuencia y su interés diario por dar muestra de inteligencia les deja exangües! ¡Cuántos quedan privados de libertad por la multitud de clientes que les rodean! Recorre, para terminar, a los siguientes, desde el más bajo al más alto: este cita a juicio, este se presenta; aquel corre peligro, aquel lo defiende, aquel juzga; nadie intenta liberarse a sí mismo, cada cual consume su tiempo en beneficio de otro. Pregunta sobre estos cuyos nombres se conocen bien, verás que se les reconoce por estas marcas: el uno presta servicio a otro, este a otro. Nadie se pertenece a sí mismo. 5. Después, es demencial la indignación de ciertas personas: se quejan de estar hartos de los superiores porque no han tenido tiempo de recibirlos cuando lo han pretendido. ¿Se atreve alguien a quejarse de la soberbia de otro, siendo así que nunca tiene tiempo para sí mismo? Con todo, él, quienquiera que seas, te ha dirigido una mirada alguna vez —aceptemos que con gesto insolente—, él ha sometido sus oídos a tus palabras, él te ha acogido a su lado; tú no te has dignado nunca mirarte ni escucharte. No hay, por tanto, razón para que impongas a nadie estos deberes, ya que, en realidad, siempre que actúas así no es por que quieras estar con otro, sino porque no quieres estar contigo.

3.1. Aunque todos los talentos que alguna vez brillaron están de acuerdo en esto, nunca se extrañarán lo suficiente ante esta ofuscación de la mente humana. No toleran que sus predios sean ocupados por nadie y, si hay una mínima disputa sobre los límites, recurren a las piedras y a las armas; permiten que otros se introduzcan en su vida, e incluso ellos llegan a introducir a los futuros propietarios. No se encuentra a nadie que quiera compartir su dinero, ¡con cuántos reparte todo el mundo su vida! Son agarrados cuando se trata de mantener el patrimonio; llegado el momento de perder el tiempo, son de lo más generosos con lo único que hace honesta la avaricia. 2. De modo que apetece coger a alguien de la masa de los ancianos y decir: «Vemos que has llegado al límite de la vida humana, sientes el peso de cien años, incluso más; venga, haz un recuento de tu vida. Calcula cuánto tiempo se ha llevado el acreedor, cuánto la amiga, cuánto el rey, cuánto el cliente, cuánto los pleitos con tu esposa, cuánto el mantener a raya a los esclavos, cuánto el ir y venir sin sentido por la ciudad; añade las enfermedades que nos procuramos voluntariamente, añade el que quedó sin utilizar: verás que tienes menos años de los que cuentas. 3. Haz memoria de cuándo has estado seguro de tu decisión, cuántos días han desaparecido como tú habías previsto, cuándo has dispuesto de ti, cuándo tu expresión se ha mantenido inmutable,[21] tu espíritu sin amilanar, qué obra tuya queda en una vida tan larga, cuántos han destrozado tu vida sin que te dieras cuenta de lo que perdías, cuánto se ha llevado un dolor inútil, una alegría estúpida, una ansiedad excesiva, una vida muelle, cuán poco se te ha dejado de lo tuyo; te darás cuenta de que mueres antes de tiempo.» 4. Entonces, ¿de quién es la culpa? Vivís como si fuerais a vivir siempre,[22] nunca se os plantea vuestra fragilidad, no observáis cuánto tiempo ha pasado ya; gastáis como si tuvierais una reserva llena a rebosar, siendo así que quizá precisamente el día que se entrega a algo, sea hombre o cosa, es el último. Lo teméis todo como si fuerais mortales, lo deseáis todo tal como si fuerais inmortales. 5. Escucharás a muchos que dicen: «A partir de los cincuenta años me retiraré a descansar,[23] a los sesenta años me liberaré de obligaciones.»[24] ¿Y quién garantiza, en fin, una vida más larga? ¿Quién va a permitir que las cosas marchen como tú lo dispones? ¿No te avergüenza reservarte los restos de una vida y dedicar a la meditación solo el tiempo que no puede entregarse a nada? ¡Qué tarde es empezar a vivir cuando hay que terminar! ¡Qué olvido tan estúpido de la naturaleza mortal el diferir hasta los cincuenta o los sesenta años las decisiones sensatas y querer empezar la vida allí donde pocos llegaron!

4.1. A los hombres más poderosos, colocados en las alturas, verás que se les escapan frases en que muestran su preferencia por el ocio, lo alaban, lo anteponen a todos sus bienes. Desean entonces descender de aquella cumbre, si se les dieran seguridades; pues, aunque nada sacuda u hostigue desde fuera a la fortuna, esta se desploma sobre sí misma. 2. El divino Augusto, a quien los dioses concedieron más que nadie, no dejó de rogar tranquilidad para sí mismo y de pedir descansar de la política,[25] toda su conversación iba a parar siempre allí, a su esperanza de ocio; con este, aunque falso, dulce solaz consolaba sus fatigas: un día viviría para sí mismo. 3. En cierta epístola enviada al Senado, como hubiese prometido que su descanso no iba a verse despojado de dignidad, ni en desacuerdo con su gloria anterior, encontré estas palabras: «Pero estas cosas resultan más atractivas cuando se hacen que cuando se prometen. Con todo, el deseo de unos momentos tan ansiados me ha llevado ya que la alegría real se demora todavía, a tomar de antemano cierto placer derivado de la dulzura de las palabras.» 4. Tan gran cosa le pareció el ocio que lo hizo suyo con el pensamiento, porque no podía en la práctica. El que veía que: todo dependía de él únicamente, el que concedía la fortuna a hombres y pueblos, pensaba lleno de gozo en el día en que se despojaría de su importancia. 5. Había experimentado cuánto sudor suponían aquellos bienes que brillaban por todas las tierras, cuántas preocupaciones ocultas escondían; con sus conciudadanos primero, después con sus colegas,[26] por último con sus allegados, se vio obligado a recurrir a las armas, por tierra y mar derramó sangre. Por Macedonia, Sicilia, Egipto, Siria, Asia y casi todos los litorales, llevado de la guerra, condujo unos ejércitos cansados de matanzas romanas a guerras con el extranjero. Mientras pacifica los Alpes y somete a los enemigos que se inmiscuyen en el Imperio en plena paz, mientras desplaza las fronteras más allá del Rin, del Éufrates, del Danubio,[27] en la propia capital se afilaban contra él los puñales de Murena, de Cepión, de Lépido, de Egnacio, de otros.[28] Todavía no había escapado a las acechanzas de estos: su hija y multitud de jóvenes nobles ligados por el adulterio como por un juramento[29] aterrorizaban su edad ya quebrantada, Julio y una mujer nuevamente temible con un Antonio.[30] Había cortado esas úlceras junto con sus mismos miembros: renacían otras en su lugar; como un cuerpo cargado de mucha sangre, se rompía siempre por algún lado. De modo que deseaba el ocio, confiando y pensando en él se calmaban sus fatigas, ese era el deseo de quien podía hacer que se cumplieran los deseos de los otros.

5.1. M. Cicerón, zarandeado entre los Catilinas y los Clodios, los Pompeyos y los Crasos,[31] enemigos evidentes, por un lado, dudosos amigos, por otro, mientras sufre los vaivenes al compás del Estado y lo sujeta a punto de hundirse para acabar siendo arrastrado, ni tranquilo en las situaciones favorables, ni sufrido ante la adversidad, cuántas veces detesta aquel consulado suyo, alabado no sin razón, pero sí sin fin. 2. ¡Qué llorosas expresiones emite en una carta a Ático, cuando ya había sido vencido Pompeyo padre, mientras todavía su hijo recomponía sus fuerzas maltrechas en Hispania! «Qué hago aquí», dice, «me preguntas. Resido semilibre en mi finca de Túsculo.»[32] Después añade otras frases en las que se lamenta de la época anterior, se queja de la actual y expresa su desconfianza sobre la futura. 3. Semilibre dijo ser Cicerón: en cambio, ¡dioses de bondad!, nunca un sabio alcanzará un nombre tan humilde, nunca será semilibre, siempre gozará de total y completa libertad, independiente, dueño de sí mismo y por encima de los demás. En efecto, ¿qué puede haber por encima del que está por encima de la fortuna?

6.1. Livio Druso,[33] hombre ardiente y violento, habiendo promovido nuevas leyes y con ellas las desgracias provocadas por los Gracos, rodeado por una inmensa muchedumbre de toda Italia, como no veía salida a una situación que no podía controlar y ya no era libre de abandonar las cosas una vez iniciadas, maldiciendo de una vida intranquila desde sus comienzos, se dice que dijo que ni siquiera siendo niño le habían tocado nunca vacaciones. En efecto, se atrevió siendo todavía un niño bajo tutela, vestido de pretexta, a recomendar los reos a los jueces y a hacer valer su influencia en el foro; y de modo tan eficaz, por cierto, que hay constancia de que ciertos juicios fueron influidos por él. 2. ¿Adónde no llegaría ambición tan prematura? Se podía saber que una audacia tan precoz desembocaría en una inmensa desgracia, tanto individual como pública. De modo que ya tarde se quejaba de que no le habían correspondido vacaciones, siendo como era desde niño revolucionario y pernicioso para el foro. Se discute si fue él quien atentó contra su propia vida, pues cayó repentinamente al recibir la herida en la ingle;[34] alguien puede dudar de si su muerte fue voluntaria, nadie si oportuna. 3. Es inútil recordar a más gente que, aun pareciendo a otros muy felices, personalmente dieron verdadero testimonio contra sí mismos: detestaban todo el transcurso de sus años; pero con esos lamentos no cambiaron a otros ni a sí mismos. En efecto, después de pronunciar las palabras, los sentimientos vuelven a su curso habitual. 4. Vuestra vida, dioses de bondad, aunque supere los mil años, se reducirá muchísimo: esos vicios no dejarán de devorar ninguna época. Y este espacio que, aunque la naturaleza recorre, la razón amplía, es lógico que se os escape rápidamente. Pues no aprehendéis, ni retenéis o lográis demorar la cosa más veloz de todas, sino que dejáis que marche como algo inútil y reparable.

7.1. En primer término, cuento a aquellos que no tienen tiempo libre más que para el vino y los placeres, pues no hay ocupación más vergonzosa. Los demás, aunque se sientan retenidos por la imagen engañosa de la gloria, se equivocan, con todo, ante algo bello; aunque me enumeres a los avaros, aunque me enumeres a los coléricos, o a los que hacen a los demás objeto de odios injustos o de guerras, todos ellos actúan mal, pero virilmente. Es deshonrosa la lacra de quienes se entregan al vientre y a los placeres. 2. Examina todo el tiempo de estos, mira cuánto invierten en hacer cálculos, cuánto en maquinar traiciones, cuánto en temerlas; cuánto en adular, cuánto en ser adulados; cuánto les ocupan sus procesos y los ajenos; cuánto los banquetes, que ya se han convertido en deber; verás cómo no les dejan respirar sus desdichas o sus suertes. 3. En fin, hay acuerdo entre todos de que nada puede recibir un tratamiento adecuado por parte de una persona ocupada: ni la elocuencia ni las ciencias,[35] puesto que el espíritu distraído no acoge nada en profundidad, sino que lo rechaza todo como si se le impusiera. No hay nada menos propio de un hombre ocupado que el vivir; de ninguna cosa es más difícil el conocimiento. Los profesores de otras ciencias son por lo general numerosos, y algunas de estas parecen haberlas captado incluso niños, de modo que podrían hasta enseñarlas: a vivir hay que aprender toda la vida y, cosa que quizá te extrañará más, toda la vida hay que aprender a morir. 4. Cuántos grandes hombres, después de abandonar sus bagajes, habiendo renunciado a las riquezas, a las obligaciones, a los placeres, no hicieron hasta el final de su vida más que una sola cosa: aprender a vivir; sin embargo, muchos de ellos abandonaron la vida confesando que todavía no sabían. Como para que sepan estos. 5. Es propio de un gran hombre, créeme, de un hombre que destaca por encima de los errores humanos, el no permitir que se le prive de nada de su propio tiempo y por eso, es larguísima su vida, porque, en toda su extensión, en toda, queda libre para él. Nada de ella quedó sin cultivar, ociosa; nada sometida a otro, pues tampoco encontró nada digno de trocar por su propio tiempo, siendo él su guardián más fiel. De modo que le fue suficiente, y es lógico que les falte a aquellos de cuya vida la gente ha tomado mucho. 6. Y no tienes por qué pensar que ellos, a veces, no se percatan de su pérdida: ciertamente oirás a muchos de esos a quienes oprime una gran felicidad exclamar de vez en cuando, en medio de los rebaños de clientes, de las celebraciones de procesos o de las restantes honrosas miserias: «No se me deja vivir.» 7. ¿Por qué se te iba a dejar? Todos los que te llaman en su ayuda, te alejan de ti mismo. ¿Cuántos días se llevó aquel reo? ¿Cuántos aquel candidato? ¿Cuántos aquella vieja cansada de enterrar herederos?[36] ¿Cuántos aquel que se finge enfermo para excitar la avaricia de los buscafortunas? ¿Cuántos aquel amigo poderoso que no os retiene por amistad, sino por exhibiros? Contabiliza, insisto, y pasa revista a los días de tu vida: verás cuán pocos —y son el desecho— quedan en tu poder. 8. Uno, después de conseguir un cargo que había ansiado, desea deshacerse de él y dice constantemente: «¿Cuándo pasará este año?» Otro ofrece un espectáculo cuya organización consideró una suerte que le correspondiera: «¿Cuándo escaparé de él?» dice.[37] Aquel abogado se lo disputa el foro entero y llena con una gran muchedumbre incluso los lugares donde su voz no alcanza: «¿Cuándo, dice, se interrumpirán los procesos?»[38] Cada cual precipita su vida y se afana añorando el futuro, hastiado del presente. 9. En cambio, el que invierte todo su tiempo en su propia utilidad, el que organiza cada día como si fuera una vida entera, ni desea el mañana ni lo teme. Pues ¿qué nuevo placer puede aportar una hora? Todo es conocido, todo ha sido disfrutado hasta la saciedad. Del resto, que la fortuna disponga como quiera: la vida ya está a salvo. Puede añadírsele algo, quitársele nada; y añadírsele a la manera como a un hombre saciado y satisfecho un alimento que no desea y toma. 10. De modo que no hay razón para que pienses que nadie, porque tenga canas y arrugas, ha vivido mucho: no vivió mucho, existió mucho. Pues ¿y si piensas que ha navegado uno a quien una tempestad feroz, cogiéndole al salir del puerto, lo llevó de acá para allá y, siguiendo los embates de los vientos enfurecidos de todos lados, le hizo trazar círculos por los mismos lugares? No navegó mucho, sino que fue muy zarandeado.

8.1. Suelo extrañarme cuando veo a algunos que solicitan tiempo, y ante la disponibilidad de los que reciben la petición. Ambos consideran el motivo por el que se pide tiempo, ninguno de los dos el tiempo en sí. Como si no se pidiese nada, como si no se diese nada. Se juega con la cosa más valiosa de todas. Y los engaña porque es inmaterial, porque no se capta con la vista y por eso se considera despreciable, casi incluso ni se le pone precio. 2. Salarios y donativos[39] los hombres los reciben con agradecimiento y les dedican su esfuerzo, su trabajo o su interés. Nadie valora el tiempo; lo usan sin cuidado, como si fuera gratuito. En cambio, verás a esos mismos, si se les aproxima el peligro de muerte, abrazándose a las rodillas de los médicos; si temen la pena de muerte, dispuestos a gastar todo lo suyo para vivir: tal es en ellos la disparidad de los sentimientos. 3. Y si se pudiera exponer, tal como se hace con el número de años transcurridos de cada cual, el número de los futuros, ¡cómo se estremecerían aquellos que vieran que les quedaban pocos, cómo los escatimarían! Y eso que es fácil administrar lo que es seguro, aunque sea poco; debe conservarse con más interés lo que no se sabe cuándo va a faltar. 4. Y, con todo, no tienes por qué pensar que ellos ignoran cuán valioso es: suelen decir a los que aman intensamente que están dispuestos a dar por ellos parte de sus años. Dan y no comprenden; y lo dan de modo que se lo quitan a sí mismos sin incrementar el de los otros. Pero eso mismo no lo saben: que se lo están quitando; por eso les es tolerable la pérdida de un bien oculto. 5. Nadie devolverá los años, nadie te entregará de nuevo a ti mismo. Marchará la vida por donde empezó y no dará marcha atrás ni se parará; no habrá alteraciones, no habrá advertencias sobre su velocidad: se deslizará en silencio. No se prolongará por orden de un rey ni por los halagos del pueblo: tal como ha sido lanzada desde el primer día correrá, no se desviará hacia ningún lado, no se detendrá en ningún lado. ¿Qué sucederá? Tú estás ocupado, la vida se apresura; entretanto se presentará la muerte y quieras o no quieras hay que concederle tiempo.

9.1. ¿Es posible algo más estúpido que la sensibilidad de cierta gente, me refiero a la de los hombres que se jactan de previsores? Están ocupados, con excesivo interés, en poder vivir mejor, se procuran la vida a costa de la vida. Hacen proyectos a largo plazo; y hay que añadir que la mayor pérdida de vida es la dilación. Esta elimina los días a medida que se van presentando, te quita el presente mientras promete lo que está más allá. El mayor obstáculo para vivir es la espera, mientras está pendiente del mañana pierde el hoy. Dispones de lo que está colocado en manos de la fortuna, dejas pasar lo que está en las tuyas. ¿Adónde miras? ¿Adónde te diriges? Todo lo que va a venir es inseguro. Vive el momento actual. 2. He aquí que grita el más grande de los poetas y, como llevado por una expresión divina, entona un poema de salvación:

los mejores días de la vida escapan los primeros a los pobres mortales.[40]

«¿Por qué dudas?», dice «¿Por qué te detienes? Si no lo tomas, escapa.» Y aun cuando lo hayas tomado, escapará; de modo que hay que luchar contra la rapidez del tiempo utilizándolo velozmente, y hay que sorberlo con rapidez, como se hace en un torrente impetuoso que no siempre ha de fluir. 3. También va muy bien para reprochar las continuas dudas el que no diga las mejores «épocas», sino los mejores «días». ¿Por qué extiendes despreocupadamente, con lentitud, mientras el tiempo huye veloz, tus meses y tus años en larga serie, según le ha parecido a tu avidez? Está hablando contigo sobre un día y sobre cómo se escapa. 4. ¿Acaso es dudoso, entonces, que los mejores días escapan los primeros a los pobre mortales, es decir, a los ocupados? A sus espíritus, todavía infantiles les sobre-

viene la vejez; a ella llegan sin prepararse, desarmados. En efecto, nada se ha previsto: repentinamente, sin esperarlo, cayeron sobre ella, no se percataban de que se aproximaba día a día. 5. Del mismo modo que una conversación, una lectura, o un pensamiento un poco más profundo, capta la atención de los que viajan y no se percatan de que han llegado antes de darse cuenta de que se aproximaban, así este camino, constante y apresuradísimo de la vida que hacemos al mismo paso despiertos y dormidos, no se hace visible a los ocupados más que al final.

10.1. Si quisiera separar en partes y argumentar lo que he expuesto, se me ocurrirían muchas cosas con las que podría probar que la vida de los ocupados es muy corta. Solía decir Fabiano, filósofo no de los que sientan cátedra, sino de los de verdad, de los de antes, que hay que luchar contra las pasiones con energía, no con sutileza, y hay que rechazar al enemigo no con pequeñas heridas, sino con un ataque serio; no admitía disquisiciones inútiles: en efecto, los vicios deben ser machacados, no pellizcados. Sin embargo, para reprocharles su error hay que enseñarles, no solo compadecerlos. 2. La vida se divide en tres épocas: la que fue, la que es, la que será. De ellas, la que estamos viviendo es breve, la que vamos a vivir, dudosa, la que hemos vivido, fija; pues esta es aquella sobre la que la fortuna perdió sus derechos: no puede estar sometida al arbitrio de nadie. Esta época la pierden los ocupados, pues no les queda tiempo para mirar al pasado y, si les queda, les es desagradable el recuerdo de algo de lo que se arrepienten. 3. De modo que de mala gana evocan en su espíritu el tiempo malgastado y no se atreven a volver sobre una época cuyos defectos, incluso los que se insinuaban bajo el atractivo del placer presente, quedan en evidencia al repasarlos. Nadie, a no ser aquel que lo ha hecho todo bajo un severo control, que nunca se equivoca, se lanza de nuevo con placer al pasado; 4. el que ha deseado muchas cosas presa de la ambición, el que las ha despreciado con orgullo, el que ha obtenido victorias sin ser capaz de dominarse, el que ha urdido engaños malévolamente, el que ha robado por avaricia, el que ha derrochado con prodigalidad, es lógico que tema su capacidad de recuerdo. Y lo cierto es que esta es la parte de nuestro tiempo consagrada e intocable, situada por encima de todas las vicisitudes humanas, que se sustrae al dominio de la fortuna, a la que no inquieta la escasez, ni el miedo ni el embate de las enfermedades; no puede ser perturbada ni arrebatada: su posesión es eterna, no sometida a temores. Los días solo están presentes uno por uno, y estos, momento por momento, en cambio, todos los de un tiempo pasado, en cuanto que lo ordenas, se te hacen presentes, permiten que se les analice y retenga a capricho, cosa que las personas ocupadas no tienen tiempo de hacer. 5. Es propio de una inteligencia serena y tranquila hacer un recorrido por todas las parcelas de su vida; los espíritus de las personas ocupadas, como si estuvieran sometidas al yugo, no pueden girarse y mirar hacia atrás. Por tanto, su vida se hunde en los abismos, y, tal como no sirve de nada el acumular cuanto quieras si no hay una base que lo acoja y conserve, así nada importa cuánto tiempo se nos concede: si no tiene dónde asentarse, atraviesa los espíritus cuarteados y horadados.[41] 6. El tiempo presente es el más breve, hasta el punto de que es cierto que a algunos les parece inexistente; efectivamente, siempre está en marcha, fluye y se lanza precipitadamente;[42] deja de existir antes de presentarse y no permite demora alguna, como el universo y las estrellas, cuyo movimiento constante e infatigable nunca permanece en el mismo lugar. Por tanto, solo el tiempo presente atañe a la gente ocupada y es tan breve que no puede ser atrapado; incluso este, abocados como están a tantas ocupaciones, se les sustrae.

II.1. En fin, ¿quieres saber cuán poco viven? Observa cómo desean vivir mucho. Viejos decrépitos mendigan con súplicas la concesión de unos cuantos años;[43] fingen ser más jóvenes, se conforman con mentiras y se engañan con tanta complacencia como si a un tiempo burlaran a los hados. Y precisamente, cuando la debilidad de su naturaleza mortal les hace una advertencia, mueren como aterrados, no como si abandonaran la vida, sino como si los arrancaran de ella. Dicen a gritos que han sido estúpidos por no haber vivido y que, si llegan a escapar de esa enfermedad, están dispuestos a vivir en el ocio; entonces piensan cuán inútilmente se han procurado cosas de las que no disfrutan, cuán en el vacío ha caído todo su esfuerzo. 2. En cambio, la vida de aquellos que se mantienen lejos de toda ocupación, ¿por qué no va a ser larga? Nada de ella se les quita, nada se desparrama por uno y otro lado, nada de ella se entrega a la fortuna, nada desaparece por descuido, nada se le resta por despilfarro, nada es superfluo: toda, por así decirlo, rinde intereses. De modo que, sea lo corta que sea, es suficiente, de sobra y, por eso, cuando llegue el último día el sabio no vacilará en marchar hacia la muerte con paso firme.

12.1. ¿Me preguntas, tal vez, a quién llamo ocupado? No hay razón para que creas que solo me refiero a los que acaban por echar de los edificios públicos los perros lanzados contra ellos, a los que ves debatirse brillantemente en medio de sus gentes o desapercibidos entre las ajenas, a los que sus obligaciones hacen salir de casa para lanzarlos contra las puertas de los demás, a los que las ventas del pretor mantienen en activo en virtud de unas ganancias vergonzosas destinadas a tornarse purulentas.[44] 2. El ocio de algunos es atareado: en la finca o en su lecho, en plena soledad, aunque se hayan alejado de todos, son molestos incluso para sí mismos; su vida no debe llamarse ociosa, sino una ocupación plena de desidia. ¿Llamas tú ocioso al que colecciona con minuciosidad angustiosa bronces de Corinto, valiosos gracias a la locura de unos cuantos, y consume la mayor parte del día entre metales oxidados?[45] ¿Al que se sienta en el gimnasio[46] —¡qué horror, ni siquiera somos víctimas de defectos romanos!— para seguir las peleas de los muchachos? ¿Al que separa por parejas sus rebaños de luchadores, según edad y colores? ¿Al que alimenta a los atletas más de moda? 3. ¿Cómo? ¿Llamas ocioso a los que se pasan muchas horas en el barbero mientras se les recorta lo que les ha crecido la noche anterior, mientras toma una decisión por cada uno de los cabellos, mientras se recompone la cabellera desarreglada o, si es escasa, se echa sobre la frente de uno y otro lado? ¡Cómo se encolerizan si el peluquero ha sido un poco descuidado, pensando que estaba afeitando a un hombre! ¡Cómo se excitan si se les ha cortado algo de su melena, si ha caído algo fuera de la raya, si cada bucle no queda en el lugar que le corresponde! ¿Quién de ellos no prefiere que se alborote el Estado a que se alborote su cabellera? ¿Quién no está más preocupado por la armonía de su cabeza que por su salud mental? ¿Quién no prefiere estar bien arreglado a ser honrado? ¿Llamas tú ocioso a estos, ocupados entre el peine y el espejo? 4. ¿Y qué decir de los que se han dedicado a componer, escuchar y aprender cánticos mientras fuerzan la voz (la naturaleza, del modo mejor y más sencillo hizo recta su emisión) a acomodarse a las inflexiones de una modulación sin sentido?[47] ¿Y de aquellos cuyos dedos siempre están sonando mientras miden en su interior algún poema?[48] A esos, aun cuando acudan a un asunto serio, e incluso estén tristes, se les escucha un tarareo silencioso. Estos no disponen de ocio, sino de una ocupación sin sentido. 5. Decididamente, los banquetes de estos no los pondría entre los momentos libres, ya que veo con qué ansiedad colocan la plata, con qué interés ciñen las túnicas de sus esclavos preferidos,[49] qué pendientes están de cómo sale el jabalí de manos del cocinero, de con qué rapidez, a una señal dada, los efebos se lanzan sobre sus cometidos, de con qué habilidad trinchan las aves en trozos del mismo tamaño, de con qué meticulosidad los pobres esclavillos recogen los esputos de los borrachos: estos detalles conceden fama de elegancia y refinamiento y, hasta tal punto la desgracia acompaña cualquier incidente de su vida, que ni beben ni comen despreocupados. 6. Tampoco puedo contar entre los

93

ociosos a los que se desplazan de aquí para allá en una silla o litera[50] y se presentan a las horas de sus traslados como si no pudieran abandonarlas; aquellos a quienes otro advierte cuándo deben lavarse, cuándo nadar, cuándo cenar; es tal la corrupción que una excesiva abulia produce en los espíritus afeminados que no pueden saber por sí mismos si tienen hambre. 7. He oído decir que uno de estos refinados (si es que debe llamarse refinamiento a olvidarse de la vida y las costumbres humanas), en el momento en que se le sacaba del baño entre varios y se le colocaba en la silla, dijo en tono de pregunta: «¿Estoy ya sentado?» ¿Tú crees que ese individuo que ignora si está sentado sabe si está vivo, si ve o si está ocioso? No puedo decir con seguridad si me da más pena el que lo ignorase o el que fingiese ignorarlo. 8. Sufren, con seguridad, el olvido de muchas cosas, pero también imitan el de muchas; algunos vicios les deleitan como si se tratara de pruebas de felicidad; parece propio de un hombre excesivamente humilde y despreciable saber qué está haciendo. Anda, mantén ahora que los mimos han inventado muchas cosas para reprobar el lujo. Sabe Dios que soslayan muchas más cosas que inventan y la abundancia de vicios increíbles ha avanzado tanto en este siglo (ingenioso para esto exclusivamente) que ya podemos acusar a los mimos de descuidados. ¡Pensar que existe gente tan acabada por el refinamiento que tiene que confiar en otro para saber si está sentado! 9. Entonces este no es ocioso, hay que darle otro nombre: es un enfermo, más aún, es un muerto. Es ocioso aquel que tiene la sensación de su propio ocio. Y vivo a medias el que necesita un indicio para darse cuenta de los hábitos de su cuerpo. ¿Cómo puede este ser dueño de tiempo alguno?

13.1. Es largo enumerar uno por uno aquellos cuya vida consumió el juego de los *latrunculi*,[51] la pelota o el afán por tostar su cuerpo al sol. No son ociosos aquellos cuyos placeres suponen mucho trabajo. En efecto, nadie duda de que estén atareadísimos aquellos que se entregan al estudio inútil de las letras; estos son ya ejército

94

nutrido también entre los romanos. 2. Propia de los griegos fue
esta enfermedad: investigar qué número de remeros tenía Ulises, si
se escribió antes la *Ilíada* o la *Odisea*, y además si son del mismo
autor; en fin, otras cosas de ese mismo tipo que, en caso de que se
guarden para uno mismo, de nada sirven a un conocimiento interior, en caso de que las manifiestes, no pareces más sabio, sino más
impertinente. 3. He aquí que también ha invadido a los romanos el
afán por aprender cosas superfluas.[52] Estos días he oído a una persona que contaba qué cosas había hecho por primera vez cada uno
de los generales romanos: Duilio[53] el primero venció en una batalla
naval, Curio Dentato el primero introdujo elefantes en una cele-
bración de triunfo. Y todavía estas cosas, aunque no tienden a una
gloria verdadera, por lo menos tratan de ejemplos de cuestiones
cívicas. Una ciencia así no va a servir de nada, pero es tal que nos
atrae con la bella futilidad de los hechos. 4. Por eso, dejemos en paz
también a los que investigan quién convenció por primera vez a los
romanos de que subieran a una nave (fue Claudio, llamado Caudex
por la siguiente razón, porque la unión de varias tablas antigua-
mente se llamaba *caudex*, de ahí que las tablillas oficiales se llaman
codices; ahora incluso las naves que transportan mercancías por el
Tíber se llaman *codicanae*);[54] 5. aceptemos que también esto es importante: que Valerio Corvino sometió el primero Mesana y el primero de la familia de los Valerios fue llamado Mesana por adoptar para él el nombre de la ciudad tomada y, poco a poco, al cambiar las letras el vulgo, se le dijo Mesala;[55] 6. ¿acaso también permitirás a alguien que se preocupe de que L. Sila, el primero, ofreció en
el circo leones sin atar (siendo así que en otros lugares se ofrecían
atados) y que fueron enviados por el rey Boco flecheros para acabar
con ellos?[56] Dejemos también pasar esto, ¿acaso también va a servir
de algo bueno que Pompeyo, el primero, ofreciese en espectáculo
en el circo la lucha de dieciocho elefantes contra hombres inocen-
tes, siguiendo la costumbre de las batallas?[57] El hombre más desta-

cado de la ciudad, y entre los más destacados de la antigüedad, según cuenta la fama, consideró un tipo de espectáculo destinado a recordar su enorme bondad el acabar con los hombres por un sistema nuevo. ¿Luchan hasta el final? Es poco. ¿Se desgarran? Es poco. Que sean aplastados bajo el inmenso cuerpo de los animales. 7. Mejor sería dar esto al olvido, para que ningún hombre poderoso aprendiera después y sintiera envidia ante acción tan poco humana. ¡Qué bruma arroja sobre nuestras inteligencias una gran felicidad! Él creyó que estaba por encima de la naturaleza cuando podía arrojar montones de desdichados a fieras nacidas en otros lugares, cuando podía provocar una guerra entre animales tan distintos, cuando podía derramar abundante sangre en presencia del pueblo romano, él, que iba a obligar a derramar luego más. En cambio, él mismo, engañado después por la perfidia alejandrina se ofreció al último de los esclavos para que lo traspasara, dándose cuenta, al fin entonces, de la estúpida jactancia de su nombre.[58] 8. Pero, para volver al punto de donde he partido, y demostrar en esta misma materia la superflua dedicación de algunos, el mismo personaje contaba que Metelo, en el triunfo que celebró después de vencer a los púnicos en Sicilia, fue el único de todos los romanos que llevó delante de su carro ciento veinte elefantes tomados del enemigo;[59] que Sila fue el último que ensanchó el «pomerio» (no fue costumbre entre los antiguos ensancharlo al adquirir territorio provincial, sino itálico). ¿Sirve de más saber esto que el que el monte Aventino está fuera del «pomerio»?[60] Así lo aseguraba él y por una de dos razones: o porque la plebe se había retirado allí, o porque cuando Remo tomó los auspicios en aquel lugar las aves no le fueron favorables.[61] ¿Sirve de algo saber otras cosas sin cuento, que son falsas o semejantes a las mentiras? 9. Pues, aunque concedas que dicen todo esto de buena fe, aunque escriban para corroborar algo, ¿de quién disminuirán los errores estos datos?, ¿de quién reprimirán los placeres?, ¿a quién harán más valiente, a quién más justo, a quién más humano? Decía nuestro Fabiano que, de vez en cuando, dudaba si era mejor no dejarse llevar por ninguna afición a sentirse enredado en ellas.

14.1. Entre todos, los únicos ociosos son los que están libres para la sabiduría, los únicos que viven: pues, no solo cuidan bien de su vida, cualquier época la añaden a la suya; todos los años que han pasado con anterioridad a ellos son propiedad suya. Si no somos muy desgraciados, los más preclaros sustentadores de opiniones sagradas han nacido para beneficio nuestro, han dispuesto su vida en beneficio nuestro. Nos vemos conducidos, gracias al esfuerzo ajeno, a las cosas más bellas, arrancadas de las tinieblas a la luz; no se nos ha marginado de ninguna época, se nos admite a todas y, si gracias a la grandeza de espíritu, nos es dado superar las estreche-ces de la debilidad humana, nos queda mucho tiempo que recorrer. 2. Es posible discutir con Sócrates, sentir dudas con Carnéades, con Epicuro descansar, vencer con los estoicos la naturaleza huma-na, con los cínicos sobrepasarla.[62] Puesto que la naturaleza permite mantenerse en contacto con cualquier época, ¿por qué, abando-nando este tránsito temporal breve y caduco, no nos entregamos en cuerpo y alma a lo que es inmenso, eterno, a lo que es afín a lo mejor? 3. Estos que van y vienen en medio de las obligaciones, los que se inquietan a sí mismos y a los demás, cuando han llegado a enloquecer de verdad, cuando han recorrido día a día los umbrales de tanta gente sin pasar por alto ninguna puerta abierta, cuando han hecho pasar sus servicios —que buscan compensación—[63] por las casas más diversas, ¿qué porción de gente han podido ver de una ciudad tan enorme y tan dividida entre los distintos placeres? ¡Cuánta gente habrá cuyo sueño, desenfreno o falta de educación los aparte! ¡Cuánta gente que, después de atormentarlos largo tiempo, pasará por su lado simulando prisa! ¡Cuánta gente evitará avanzar por el vestíbulo, repleto de clientes, e intentará escapar por las puertas falsas de la casa como si no fuera más cruel engañar que rechazar! ¡Cuánta gente somnolienta y pesada por la juerga del día anterior mascullará, sin apenas entreabrir los labios, bostezando abiertamente, el nombre, miles de veces susurrado, de los pobres desgraciados que interrumpen su sueño para esperar al de otro![64] 5. Piensa que se dedican a obligaciones de verdad estos que a Zenón, que a Pitágoras día tras día, a Demócrito y demás sacerdotes del bien, que a Aristóteles y a Teofrasto quieran tenerlos como amigos íntimos. Ninguno de estos dejará de tener tiempo, ninguno dejará de reenviar más feliz al que le llega más satisfecho de sí mismo; ninguno consentirá que alguien se aleje de allí con las manos vacías. Pueden encontrarlos todos los mortales de noche y de día.

15.1. Ninguno de ellos te obligará a morir, todos te enseñarán a hacerlo; ninguno de ellos destrozará tus años, pondrá a tu disposición los suyos; de ninguno de ellos la conversación será peligrosa, de ninguno la amistad comprometida, de ninguno el trato dispendioso. Obtendrás de ellos todo lo que quieras, por ellos no quedará el que no aproveches al máximo lo que hayas cogido. 2. ¡Qué felicidad, qué bella vejez espera a quien se acogió a la amistad de estos! Tendrá con quien deliberar de lo insignificante y de lo transcendente, a quién consultar diariamente sobre sí mismo, a quién escuchar la verdad libre de ofensa, de quién recibir alabanzas sin adulación, a quiénes procurar imitar. 3. Solemos decir que no dependió de nosotros qué padres nos tocaron en suerte, que se nos concedieron al azar; en cambio, a nosotros nos es posible nacer según nuestra voluntad. Hay familias de inteligencia preclara: elige en cuál quieres integrarte. No solo será la adopción del apellido, sino incluso de unos bienes que no habrá que vigilar con mezquindad y ruindad: aumentarán a medida que los repartas entre más gente. 4. Ellos te proporcionarán el camino hacia la eternidad y te elevarán a un lugar del que nadie es arrojado. Este es el único medio de prolongar la mortalidad, más bien de transformarla en inmortalidad. Honores, monumentos, todo lo que la ambición ha ordenado con decretos o ha elevado con su esfuerzo, se desploma rápidamente, nada deja de demoler y transformar la prolongada vejez. En cambio, no puede dañar aquello que consagró la sabiduría; ninguna edad acabará con ella, ninguna le quitará nada; la siguiente y la que siempre hay más allá aportará algo a la veneración, ya que es cierto que la envidia deambula por las cercanías y admiramos con más facilidad lo que está colocado lejos. 5. Por eso, la vida del sabio se extiende ampliamente, no lo encierra el mismo límite que a los demás: es el único liberado de las leyes del género humano; todas las épocas están a su servicio, como al de Dios. Ha pasado un tiempo: lo abraza con el recuerdo; está presente: lo utiliza; va a venir: lo anticipa. Le hace la vida larga la confluencia de todo el tiempo en uno solo.

16.1. La vida más corta y más angustiosa es la de aquellos que se olvidan del pasado, se despreocupan del presente, temen por el futuro; cuando han llegado al final, perciben los pobres, con retraso, que han estado ocupados todo el tiempo en no hacer nada. 2. Y no hay razón para que creas que la prueba de que ellos viven una vida larga es que de vez en cuando invocan la muerte: la falta de reflexión los martiriza con sentimientos de inseguridad que los lanzan precisamente sobre las cosas que temen. A menudo desean la muerte por eso, porque la temen. 3. Tampoco tienes por qué considerar prueba de que viven mucho tiempo por el hecho de que a menudo el día les parece largo, el hecho de que, mientras llega la hora fijada para la cena, se quejan de que las horas pasan lentamente. En efecto, si les han abandonado alguna vez las ocupaciones, se consumen abandonados en el ocio y no saben cómo disponer de él, cómo pasarlo. De modo que procuran estar ocupados en algo, y todo el tiempo intermedio que queda les es pesado, tal por cierto como cuando ha sido anunciado el día de un espectáculo de gladiadores, o cuando se espera el día fijado para algún otro espectáculo o diversión, quieren que pasen los días que faltan. 4. Toda dilación ante algo que les ilusiona les es larga. Y el caso es que el tiempo que aprecian es breve y precipitado, mucho más breve todavía por culpa suya, pues escapan de un lugar a otro y no pueden detenerse en un solo placer. Los días no les son largos, sino odiosos. En cambio, frente a eso, cuán cortas les parecen las noches que pasan en brazos de las prostitutas o en medio del vino. 5. De ahí también la locura de los poetas que alimentan los errores humanos con sus ficciones. Les pareció que Júpiter había duplicado la noche ablandado por los placeres de lecho.[65] ¿Qué otra cosa es dar pábulo a nuestros vicios sino ponerlos bajo el patrocinio de los dioses y dar a la enfermedad un consentimiento basado en el ejemplo de la divinidad? ¿Pueden dejar de parecerles enormemente breves las noches que compran a tan alto precio? Pierden el día esperando la noche, la noche temiendo la luz.

17.1. Hasta sus placeres están llenos de inquietud y sobresaltos provocados por distintos temores; cuando están en plena exaltación se insinúa un pensamiento angustioso: «¿Durante cuánto tiempo?» Llevados de este sentimiento los reyes lloraron su poder y no les agradó la inmensidad de su fortuna, sino que les aterrorizó el fin que ha de llegar algún día. 2. El insolente rey de los persas, como dispusiera el ejército a lo largo de llanuras enormes y no alcanzara a saber su número, solo su tamaño, derramó lágrimas, porque al cabo de cien años de tantos jóvenes no quedaría ninguno.[66] En cambio, el mismo que lloraba iba a aproximarles a su destino, iba a acabar con unos en el mar, con otros en la tierra, con otros en batalla, con otros en la huida, e iba a consumir, en un breve espacio de tiempo, a aquellos para quienes temía los cien años. 3. ¿Y qué decir de que sus alegrías están llenas también de sobresalto? Pues no se apoyan sobre bases sólidas y se alteran con la misma ligereza con que nacen. ¿Y cómo crees que son los momentos que ellos mismos reconocen desdichados, siendo así que incluso los momentos con los que se emocionan y se elevan por encima de la humanidad son poco genuinos? 4. Los mayores bienes producen angustia, y en ninguna fortuna se confía menos que en la mejor; hay necesidad de otra felicidad para salvaguardar la felicidad, y hay que hacer votos por los votos mismos que se han cumplido. Pues, todo lo que acontece por casualidad es inestable, y cuanto más alto se alza, más tiende a caer: además, a nadie le complacen las cosas destinadas a caer. Por consiguiente, es lógico que la vida de quienes consiguen, con grandes esfuerzos, cosas que exigen un mayor esfuerzo para su conservación sea desgraciadísima, no solo brevísima. 5. Con dificultad consiguen lo que quieren, con ansiedad poseen lo que han conseguido; entretanto no se lleva cuenta alguna del tiempo, que no volverá nunca más. Nuevas ocupaciones sustituyen a las anteriores, la esperanza hace surgir otra esperanza, la ambición otra ambición. No se busca el fin de las desdichas, sino que se cambian los motivos. Nuestros cargos nos han atormentado: nos quitan más tiempo los de los demás; hemos dejado de esforzarnos por buscar honores: empezamos a apoyar a los demás; nos hemos deshecho de las molestias que supone una acusación: nos dedicamos a dictar sentencias; dejó de ser juez: es presidente de tribunal;[67] envejeció llevando la administración de los bienes de otro: se siente atado por sus propias riquezas; 6. los distintivos de una graduación militar inferior han dejado a Mario: se dedica al consulado.[68] Quincio se apresura a dejar la dictadura: se le instará a que abandone el arado.[69] Marchará contra los púnicos, todavía no en forma para empresa tan importante, Escipión;[70] vencedor de Antíoco, vencedor de Aníbal, gloria de su consulado, fiador de su hermano, si él mismo no hubiera supuesto un obstáculo ocuparía un lugar a la altura de Júpiter. Las revueltas civiles lo mantendrán en vilo mientras gobierna, y después de que el joven se hastía de honores cuasi divinos, ya viejo disfrutará ambicionando un exilio ennoblecedor. Nunca faltarán razones, sean felices o desdichadas, de preocupación; la vida se pasa en medio de preocupaciones; nunca se nos ofrecerá el ocio, siempre se deseará.

18.1. De modo que, apártate del vulgo, queridísimo Paulino, y retírate, por fin, a un puerto más tranquilo después de haber sido sacudido a lo largo de tu vida. Piensa cuántos oleajes has sufrido, cuántas tempestades has aguantado —algunas personales—, cuántas has atraído —algunas oficiales—; ya se ha exhibido suficientemente tu virtud a través de testimonios fatigosos e inquietantes: comprueba cómo se comporta en el ocio. La mayor parte de la vida, desde luego la mejor, ha sido entregada a la política: tómate algo de su tiempo para ti. 2. Y no te emplazo a gozar de una tranquilidad perezosa y sin sentido, no a que hundas todo lo que hay de vitalidad en ti en el sueño y los placeres amados por la turba: eso no es descansar. Encontrarás tareas que superan a todos los trabajos realizados arduamente hasta ahora: y podrás dedicarte a ellas, en medio de la tranquilidad y falta de preocupaciones. 3. Es seguro que tú administras los intereses del orbe con igual dedicación que los tuyos, con igual escrúpulo que los de la comunidad; desempeñando un trabajo en el que es difícil evitar el odio, consigues el cariño; y, sin embargo, créeme, es mejor llevar las cuentas de la vida propia que las del trigo del Estado. 4. Esa energía espiritual, plenamente capaz de lo más importante, rescátala a una obligación llena de honores, sí, pero poco adecuada a una vida feliz; piensa que tú no has actuado desde joven dedicándote al estudio para que se te confíen muchos miles de medidas de trigo: habías prometido de ti mismo algo más importante y profundo. No faltarán hombres de sobriedad reconocida y gran capacidad de trabajo; mucho más adecuados para llevar cargas son los jumentos lentos que los nobles caballos; ¿quién ha oprimido, alguna vez, bajo una carga pesada la velocidad que les confiere la raza? 5. Piensa además qué enorme preocupación supone echar sobre ti gran peso: tienes que vértelas con el vientre de los hombres. Y no admite razones, ni se calma con la equidad ni se conmueve con ningún ruego el pueblo hambriento. Hace muy muy poco, en los días en que murió Calígula (llevando muy a mal —si es que los seres infernales tienen sentimientos— el ver que, aunque el pueblo le sobrevivía, quedaban alimentos para siete u ocho días) mientras forma puentes con naves y juega con las fuerzas del Imperio, se presentaba también la última desgracia de los asediados: la escasez de alimentos. La imitación a un rey enloquecido, extranjero y, por desgracia, ensoberbecido, estuvo a punto de acabar en muerte y hambre, y en las consecuencias del hambre: el hundimiento de todo.[71] 6. ¿Qué ánimo tuvieron entonces aquellos a quienes se había encomendado el cuidado del abastecimiento de trigo, destinados como estaban a las piedras, al hierro, al fuego, a Gayo? Con extremo disimulo encubrían, en lo más profundo de su ser, tan gran desgracia oculta, sin duda con razón, pues algunos males hay que curarlos sin que se enteren los enfermos: la causa de que muchos murieran fue el conocer su enfermedad.

19.1. Recógete en este ambiente más sereno, más seguro, más trascendente. ¿Tú piensas que es lo mismo ocuparte de que el trigo sin estropear, libre de fraude y del descuido de los transportistas, se pase a los hórreos para que no se eche a perder con la humedad y fermente, y de que responda a la medida y al peso, que entregarte a estos problemas, sagrados y sublimes? El fin de esto es saber cuál es la materia de Dios, cuál su voluntad, cuál su condición, cuál su forma; qué suerte espera a tu espíritu, dónde nos colocó la naturaleza una vez separados de los cuerpos; qué es lo que mantiene en el centro las partes más pesadas del universo, suspende por encima lo ligero, lleva el fuego a lo más alto, pone en movimiento a los astros siguiendo un ritmo fijo y, en fin, conocer todo lo demás, cuajado de enormes maravillas. 2. ¿Quieres tú, abandonando la tierra, fijar mentalmente tu mirada en esto? Ahora, mientras la sangre está caliente, los que tienen vigor deben marchar hacia lo mejor. En este tipo de vida te esperan excelentes ocupaciones: el amor y la práctica de las virtudes, el olvido de las pasiones, las ciencias del vivir y del morir, ante todo, la profunda paz. 3. Ciertamente es triste la condición de toda la gente ocupada y, sin embargo, es mucho más triste la de aquellos que ni siquiera trabajan en sus ocupaciones, adaptan su sueño al de otros, andan al paso de otro, reciben órdenes para amar y odiar, las cosas más libres de todas. Si estos quieren saber cuán breve es su vida, que piensen en qué medida es suya.

20.1. De modo que, cuando veas que se ponen la pretexta muy a menudo, cuando se repita mucho un nombre en el foro, no lo envidiéis: esto se consigue a costa de la vida. Para que un año reciba el nombre de ellos, destrozarán todos sus años. A algunos, antes de que se lancen a la más desenfrenada ambición, en medio de los primeros debates los abandona la vida; a algunos, aun cuando se hayan visto arrastrados a conseguir las dignidades a través de mil indignidades, se les insinúa el triste pensamiento de que han estado trabajando para el epitafio de su tumba; la fase final de la vejez de algunos, mientras concibe nuevas esperanzas como la juventud, falta de fuerzas, falla en medio de grandes e ímprobos esfuerzos. 2. Deplorable es el caso del que, ya de avanzada edad, expira mientras habla en un proceso a favor de litigantes desconocidos e intenta captar el asentimiento de un público nada docto; vergonzoso el caso del que, cansado antes de vivir que de trabajar, se desploma en medio de sus obligaciones; es vergonzoso el caso de aquel de quien se ríe el heredero, largo tiempo en espera. 3. No puedo dejar pasar un ejemplo que me viene a la mente. Había un viejo de cumplida laboriosidad: Turanio, que, después de cumplir los noventa, habiendo recibido la jubilación obligatoria como procurador de C. César, ordenó que se le colocara en el lecho y que la familia, puesta en torno, le llorara como si no tuviera vida. Se entristecía la casa por el ocio de su viejo señor y no acabó con la tristeza antes de que le fuese devuelto el trabajo. ¿Hasta ese punto es hermoso morir en pleno trabajo? 4. Ese mismo es el espíritu de la mayoría; dura más tiempo el deseo de trabajar que las posibilidades, luchan con la debilidad física, no juzgan grave la vejez por ninguna otra razón más que porque los arrincona. La ley no recluta soldados a partir de los cincuenta, no convoca a los senadores partir de los sesenta: los hombres consiguen obtener de sí mismos el ocio con más dificultad que de la ley. 5. Y, entretanto, mientras se dejan arrastrar y arrastran, mientras el uno interrumpe la quietud del otro, mientras su desgracia es mutua, la vida no concede frutos, no concede placeres, los espíritus no sacan provecho alguno; nadie tiene la muerte en perspectiva, nadie deja de proyectar a lo lejos sus esperanzas, y algunos, incluso, disponen aquellas cosas que están más allá de la vida: grandes moles sepulcrales, donaciones para obras públicas, espectáculos junto a la pira y funerales lujosos. Y lo cierto es que sus cadáveres debieran ser acompañados a la luz de antorchas y cirios, como si apenas hubieran vivido.[72]

NOTAS

SOBRE LA FELICIDAD

1. *Anales* XIII, 42.
2. LXI, 10.
3. Es el mismo hermano al que se dirige en el diálogo *Sobre la ira* como Novato. Entre la redacción de ese diálogo, *Sobre la felicidad*, se ha producido la adopción de Novato por parte del Junio Galión el Retor, transformándose su nombre: L. Anneo Novato pasó a llamarse L. Junio Galión Anneano. No se sabe en qué año se llevó a cabo la adopción. Fue procónsul de Acaya, probablemente en el año 52 o 53 d. C.
4. Las asambleas del pueblo en Roma eran convocadas por los magistrados, y se reunían de acuerdo con la organización impuesta a los ciudadanos. Estos pertenecían a una curia, a una tribu y a una centuria. Las dos primeras se formaban según criterios territoriales; la centuria, según el censo, adscribía al ciudadano a una clase u otra. En origen, esta última tenía finalidades militares. Existían asambleas de las tribus y de las centurias, con funciones bien definidas: las elecciones de los cargos más importantes correspondían a esta última, y a la asamblea tribal la de los magistrados menores. A esta última compe-

tía también la aprobación de leyes. El voto no era individual, sino por unidad organizativa. Hay que tener en cuenta que lo expuesto no puede referirse a toda la historia de Roma, sino que responde, en líneas muy generales, a la situación del último período de la república.

5. Una reflexión semejante, mucho más desarrollada, se encuentra en Cicerón (*Pro Murena* 35-6): «Algunas veces el pueblo se extraña de los resultados, como si no hubiera sido él su autor»; «Nada es más inconstante que la masa... nada más engañoso que el sistema asambleario.»

6. El sistema de votación en el Senado seguía el procedimiento de la *discessio* (= separación). Los senadores se pronunciaban agrupándose en una zona los que votaban a favor, y en otra los que votaban en contra, de ahí su nombre. Entonces el cónsul decía: «Esa parte parece mayor», decidiéndose de ese modo el resultado.

7. La «clámide» es una especie de capote militar, de origen griego, algunas veces de púrpura y oro, llevado por militares distinguidos, aunque no solo por ellos. En cuanto a los que llevan corona, puede referirse a los generales en el momento de celebrar el triunfo, portadores de una corona de oro; a los soldados distinguidos con una corona simbólica, por su comportamiento; o bien, a los esclavos que eran vendidos *sub corona*, es decir, cubiertos de una guirnalda o algo semejante.

8. Esta actitud de independencia con respecto a sus predecesores es constante en Séneca.

9. Es una fórmula senatorial (CIC *Filip.* XII 50); servía para aprobar una medida, pero haciendo a un tiempo una enmienda por adición.

10. Diógenes Laercio (VII 123) atribuye a Zenón la defensa de la &θαυμαζία en el hombre sabio «no debe asombrarse ante nada que parezca extraordinario», y pone como ejemplo de cosas extraordinarias las cavernas de Carón, las mareas, los manantiales de agua caliente o los volcanes.

11. La definición de hombre feliz en Cicerón (*Tusc.* V 41) tiene el mismo carácter negativo: «Queremos que el hombre feliz esté seguro, sea in-

expugnable, esté protegido y defendido, no conozca temor de ningún tipo.»

12. La generosidad intelectual que supone el dar varias definiciones de algo.

13. Cicerón (*De fin.* II 114) hace un planteamiento distinto, aun partiendo del mismo supuesto: «Si el sumo bien radicara en el placer, estaríamos día y noche entregados a él; ahora bien, ¿quién, que merezca ser llamado hombre, se entrega de ese modo?...»

14. Atribuible a Epicuro, casi con las mismas palabras en Cicerón (*De fin.* I 57 y II 51 y 70).

15. Cicerón (*De fin.* II 16) distingue entre el placer en movimiento y el placer estable, con un sentido completamente distinto. Para Cicerón el placer *in stabilitate* se identifica con la ausencia de dolor y no debe ser confundido con el placer *in motu*. Evidentemente aquí Séneca se refiere a este último.

16. Sobre el valor exacto de naturaleza para los estoicos, véase F.H. SANDBACH, *The Stoics*, Londres, 1975, págs. 31 y ss.

17. VIRG., *Eneida* II 61.

18. Cicerón (*Academ.* V 41-41) distingue diversas fases en la percepción.

19. Debe aplicarse a la descripción del sabio.

20. Entiéndase, la virtud se busca por sí misma, pues no hay nada que supere la virtud y que pueda ser objetivo final en la búsqueda de la misma.

21. Esta tendencia a malinterpretar la doctrina epicúrea es habitual, especialmente entre los autores no propiamente filosóficos.

22. Podría atribuirse al adversario. Así lo hago siguiendo a Bouillet. El sumo bien para los epicúreos es el placer.

23. Cleantes, filósofo estoico del siglo III a. C. solía describir a los oyentes un cuadro que representa al Placer sentado en un trono y las Virtudes, como esclavas a su servicio, rodeándolo. Esto nos dice Cicerón (*De fin.* II 69). Aquí Séneca utiliza la misma imagen transferida: la Virtud no es ya esclava del Placer, sino del hombre, y su función como tal es

probar previamente lo que va a servir al dueño. Fusión, pues, de dos imágenes: la de la esclavitud y la de una de las funciones de la esclavitud en una sola frase.

24. Dos famosos «gourmets» de la misma época, la de Augusto. El uno es mencionado por Horacio (*Sátiras* II, 102; I 8, II, etc.). Apicio merece un desarrollo más amplio en la *Consolación a Helvia* 10,8.

25. Sobre los que están recostados.

26. Es conocida la costumbre de griegos y romanos de amenizar los banquetes con espectáculos varios: musicales, circenses, teatrales, etc.

27. Esta frase última parece aludir en latín a la ofrenda tradicionalmente hecha en honor de los difuntos, acompañada de un banquete por lo general. Queda claro el pasaje, si lo confrontamos con la lectura de la *Epístola* 12, 8.

28. Sigue refiriéndose a los epicúreos. La postura adoptada por Séneca más abajo, y en algunas de sus cartas, es favorable a Epicuro, por lo cual sería conveniente marcar la diferencia entre este plural impreciso, que designa a los seguidores, y las atribuciones directas a Epicuro.

29. Se refiere a los estoicos.

30. Vestidura femenina.

31. El distintivo de los «galos», servidores del templo de Cibele, era un tamborcillo. Estos eran eunucos. El culto de Cibele era originario de Asia, de donde pasó a Grecia. Oficialmente el culto pasó a Roma a finales del siglo III a. C.

32. Expresión que recuerda a Livio (*Praef,* 4), hablando de la tarea que se ha propuesto.

33. Aquí sí es exacta la imagen antes citada de Cicerón (cf. n. 20).

34. Se corresponden con dos versos consecutivos de las *Geórgicas* de Virgilio (I 139-140).

35. Tenemos en Cicerón (*De fin.* 1 65) una defensa de Epicuro sobre el punto en concreto de la amistad; este afirma que esa entrega a la amistad es propia incluso de los epicúreos de su tiempo.

36. Sosiades lo atribuye a uno de los siete sabios: ἐπουεώ (ESTOBEO, *Antol.* III 1, 1793, ed. Wachsmuth). Boecio (*Consolación a la filosofía* I 140) a Pitágoras. La misma atribución a Pitágoras encontramos en CLEM. ALEX., *Strom.* II 15, 64, 4.

37. La traducción pretende adaptarse al sentido de la frase latina: *ad hoc sacramentum adacti sumus,* puesto que *sacramentum* es el juramento exigido por el general a sus soldados en el momento de enrolarse.

38. Cf. PERS. 5, 159-160.

39. En Séneca parece que se identifica el lujo en joyas con el de los pendientes. Cf. *Sobre la firmeza del sabio* 14, 1.

40. *Paedagogium* en latín. Eran un tipo de escuelas donde se educaba a los esclavos jóvenes instruyéndolos en el oficio que iban a desempeñar después (Cf. PLIN., *Epist.* VII 27, 13). Parece una institución posterior a Augusto.

41. En la epístola 77, 3, menciona de pasada sus posesiones en Egipto. Hablan de la importancia de las mismas ROSTOVTZEFF, *Historia Social y Económica del Imperio Romano,* Madrid, 1962, vol. II, 213-214. Posteriormente ha sido descubierto un papiro que contiene referencias a las propiedades de Séneca en Egipto, y que está fechado en el año 62 (G.M. BROWNE, en *Bull. Amer. Soc. Pap.* 5, 1968, 17 y ss.).

42. Confirmación a esto encontramos en las *Vidas de los filósofos* debidas a Diógenes Laercio.

43. Desconocido por otra referencia.

44. VIRG., *Eneida* IV 653.

45. El sentido es claro: con su envidia contribuyen a clavar concienzudamente en la cruz a aquellos que intentan liberarse de ella. Pero, al menos, estos no penden más que de una cruz, mientras que, quienes los critican, se ven desgarrados por varias.

46. Muerte natural y suicidio.

47. OVIDIO, *Metam.* II 328. Trad. Ruiz de Elvira (ed. Alma Mater, Madrid, 1964).

48. Una de las numerosas referencias en Séneca a Catón de Utica. En

cuanto a Manio Curio Dentato, fue cónsul en los años 290, 275 y 274 a. C. Celebró un triunfo en los dos primeros consulados por sus victorias sobre los sabinos y sobre Pirro, respectivamente. Murió en 270. Se cita siempre como modelo de frugalidad. Tiberio Coruncanio fue cónsul en el 280 a. C. Intervino también en la lucha contra Pirro y fue uno de los primeros jurisconsultos romanos.

49. Los finales del siglo III y principio del II a. C. abundan en leyes suntuarias: *lex Oppia* (215 a C.), *leges Porciae* (198 a. C.). La frase utilizada para aludir a la riqueza por Séneca parece inspirada en Ovidio (*Metam* I, 85).

50. Marco Licinio Craso el triunviro.

51. Marco Porcio Catón, el Censor (234-149 a. C.), mucho menos citado por Séneca que su biznieto Catón de Utica. A él se deben las *leges Porciae* mencionadas en la nota 49. Defensor de la destrucción de Cartago. Mantuvo siempre una política basada en la tradición y el no intervencionismo en Oriente, frente a los Escipiones. Escritor notable; se conservan de él fragmentos de discursos y una obra *Sobre el cultivo del campo* (*De agricultura*). Escribió también un trabajo de tipo histórico: *Orígenes*.

52. Todo el pasaje anterior se corresponde totalmente con la doctrina estoica. La *uirtus* es la única posibilidad de felicidad, no depende de la posesión de cosas que son moralmente indiferentes. Entre lo que es moralmente indiferente hay cosas preferibles a otras, pero siempre desde el punto de vista de que su valor se refiere solo a la vida natural, no a la vida moral. A esta última solo le afecta lo bueno, no lo indiferente. La terminología utilizada aquí por Séneca (*potiona* = «preferible») no coincide con la empleada por Cicerón: *praeposita* (προηγμένα). Una definición de lo «preferible» y de su cualidad relativa respecto al bien, en Cicerón (*De fin.* IV 72).

53. La misma apreciación en Cicerón (*De fin.* IV 73).

54. La terminología utilizada en latín (*manum inicere*) es inequívocamente jurídica.

55. El denario, vocablo del texto latino, corresponde a la unidad monetaria de la que son fraccionarias el sestercio y el as.

56. Para comprender bien el juego de palabras hay que tener en cuenta que «generosidad» es la traducción que he dado a *liberalitas*.

57. Distinción netamente estoica.

58. El más antiguo puente de Roma, con piso de madera. Parece que estaba siempre muy concurrido y que, hasta cierto punto, podía considerarse frecuentado por mendigos (Jvven. IV 116; XIV 134; Marc. X 5).

59. La expresión latina *tomentum circense*, «colchoneta de cuco», no nos dice nada por sí misma. En Marcial (XIV 160) tenemos una descripción de este tipo de colchón (hecho de juncos cortados); su baja calidad queda clara al atribuir su compra a los pobres.

60. Otras tantas alusiones a mitos bien conocidos: las alas corresponden a su transformación en cisne para engañar a Leda y conseguirla; los cuernos a su conversión en toro, para el rapto de Europa; como adúltero es frecuente en muchos mitos; por lo que se refiere a pasar la noche fuera, quizás hay que relacionarlo con la fábula de Anfitrión; cruel para con los dioses, lo fue en algunos casos, por ejemplo con Vulcano; raptor de hombres libres, puede pensarse en el caso de Ganimedes, que también estaba emparentado con él. Por último, referencia al destronamiento de su padre Saturno.

61. *Fauete linguis.* Expresión religiosa en latín.

62. Ritual del culto a Isis, diosa originalmente egipcia, descrito en sus aspectos más aparatosos y significativos. Por ejemplo, el uso del «sisero», cuya descripción poseemos (Apul. *Metam.* XI 4): instrumento metálico formado por una lámina de metal curvada, en la que van insertas otras láminas que el agitarse producen ruido. También es característica la autolesión de los participantes.

63. Aristófanes en *Las Nubes*; Amipsia y Eupolis, ambos del s. v a. C.

64. Diógenes Laercio, en su vida de Platón (III 3), cuenta que en los juegos que organizó en Atenas las costas fueron sufragadas por Dión.

65. Parece referirse al hecho de haber sido preceptor de Alejandro.

66. Cf. *Sobre la providencia*, 6, 2.

67. Diógenes Laercio (X 7) achaca a Epicuro el gastar mucho dinero en la comida.

68. A costumbres homosexuales de Séneca se refiere Dión Casio (LXI 10, 4).

SOBRE EL OCIO

1. R. WALTZ, *o. c.*, pág. 109; E. ALBERTINI, *o. c.*, pág. 40.

2. K. ABEL, *o. c.*, pág. 162; M. T. GRIFFIN, *o. c.*, pág. 396; F. GIANCOTTI, *o. c.*, págs. 225 y ss., etc.

3. L. HERRMANN, *o. c.*, pág. 98.

4. R. WALTZ, *o. c.*, pág. 109.

5. F. GIANCOTTI, *o. c.*, págs. 225 y ss.

6. K. ABEL, *o. c.*, pág. 162.

7. Según Bouillet, es una alusión a la fábula del león enfermo que, cuando le preguntó a la zorra por qué no entraba en su cubil como los demás animales, recibió como respuesta que se veían las huellas de los que entraban, pero no de los que salían.

8. Virgilio (*Eneida* IX 612) lo pone en boca de Numano.

9. Las vírgenes vestales debían entregarse al culto de Vesta, durante cinco años, en época histórica durante treinta: diez de ellos los dedicaban al aprendizaje, diez a desempeñar las funciones aprendidas y diez a enseñar. Eran las sacerdotisas de Vesta, culto que se atribuye a Numa (PLUT. *Numa* 10). Durante el período de servicio a Vesta debían permanecer vírgenes (cf. *Sobre la providencia* 5, 3.).

10. Esta misma idea es recogida por Diógenes Laercio (X 77, 119).

11. Las razones que llevan a esta opción, atribuidas a Crisipo, están explícitas en Cicerón (*De fin.* III 67).

12. Idea de origen estoico repetida en Séneca: la patria del hombre es el universo.

13. Posturas adoptadas por las distintas escuelas. Para Séneca, de acuerdo en esto la doctrina estoica, la virtud es una. Por su parce Cicerón parece atribuir la opinión contraria a los seguidores de la Academia (*De inuentione* II 53).

14. Es imposible una traducción apropiada del término *natura*, ya que cualquier aproximación supone una explicación: «la fuerza que lleva a actuar y comportarse de un modo determinado».

15. Entiéndase en el sentido de todo lo relacionado con la Antigüedad.

16. La tierra concebida como centro del universo.

17. Ovidio utiliza una imagen semejante en la *Metamorfosis* (I 85 y ss.).

18. Son los signos del Zodiaco: Libra, Escorpio, Sagitario, Capricornio, Acuario y Piscis, de día; Aries, Tauro, Géminis, Cáncer, Leo y Virgo, de noche.

SOBRE LA BREVEDAD DE LA VIDA

1. PLINIO EL VIEJO, XXXIII 143.

2. III 53.

3. *Anales* XV 18.

4. A. BURGERY, Sénèque, *Dialogues*, París, 1923, pág. 42.

5. P. GRIMAL, L. *Annaei Senecae de breuitate uitae*, París, 1966, pág. 3.

6. 18,3.

7. TAC, *Anales* XI 31.

8. M. T. GRIFFIN., *o. c.*, págs. 396 y 398.

9. Prescindo de la hipótesis de Giancotti y Herrmann, que colocan la prefectura de la anona de Paulina Pompeyo en el 62.

10. 13,8.

11. Cf. P. GRIMAL, «La date dude breuitate uitae», en *Rev. Etudes Lat.* 25, 1947, págs. 164-177.

12. *O. c.*, pág. 109 y «L. Antistius Verus et le pomoerium», en *Rev. Etudes Lat.* 26, 1948, págs. 222-228.

13. *O. c.,* pág. 401 y «De breuitate uitae», en *Journ. Rom. Stud* 52, 1962, págs. 104-113.

14. P. GRIMAL, L. *Annaei Senecae...,* págs. 15 y 16.

15. Probablemente Pompeyo Paulino, pariente de la mujer de Séneca. Tácito nos habla de un Paulino, legado en Germania en el 58 d. C. (*Anales* XIII 53), y de otro Paulino, es de suponer que el mismo, que en el año 62 formó parte de una comisión encargada de controlar los asuntos financieros.

16. Con esta máxima se inicia la obra de Hipócrates (*Aforis* I 1).

17. El mismo reproche pone Cicerón en boca de Teofrasto (*Tucs.* III 69), con mayores precisiones que aquí, ya que menciona entre los animales de vida larga a los ciervos y cornejas. La confusión parece darse en Séneca y ser exacta la atribución de Cicerón.

18. Reflexiones de este mismo tenor encontramos en Salustio, *Guerra de Jugurta* 1,2 y ss.

19. Es habitual en los escritores romanos unir el comercio a la navegación.

20. No se sabe con seguridad a quién atribuir el verso citado por Séneca. Las posibilidades van desde Menandro (cf. frg. 340 Kiirte-Thierfelder) hasta Simónides, Eurípides o Ennio. A pesar de que tal verso no aparece en lo que nos queda de Virgilio, G. MAZZOLI mantiene que *maximus poetarum* no puede referirse más que a él (*Séneca e la poesia,* Milán, 1970, pág. 229). En cuanto a la equiparación del poeta con el oráculo no aparece aquí únicamente en Séneca (cf. *Epist.* 94,27 y ss.; 95,64, etc.).

21. El rostro, como reflejo de las pasiones, solo permanece impasible cuando está libre de ellas.

22. Coincide con una máxima de Demócrito, recogida por Estobeo (*Anth.* IV 16,17, ed. Waschsmuth) en su última parte.

23. La traducción es inexacta, ya que *otium* en latín corresponde a un descanso activo, desde el punto de vista intelectual.

24. Esos mismos límites pone la ley para ser llamados a filas, y para desempeñar las funciones senatoriales, respectivamente (cf. 20,4).

25. Un ejemplo, de los comienzos del reinado de Augusto (27 a. C.), de la intención de este de dejar el poder, lo constituye un discurso al Senado recogido por Dión Casio (LIII 3 y ss.). El propio Dión Casio, sin embargo, pone al descubierto, en su introducción al discurso, las motivaciones que le llevaron a adoptar tal postura: el ver confirmado su poder por el pueblo voluntariamente.

26. M. Lépido y M. Antonio.

27. Una enumeración de los pueblos sometidos por Augusto, la tenemos en Suetonio (*Aug.* 21), aunque se hace constar que siempre fueron campañas dirigidas personalmente por Augusto.

28. Dión Casio, en su *Historia de Roma* (LIV 3,4) habla de la conjura encabezada por Fanio Cepión, de la que formó parte Murena (22 a. C.); de otra conjura posterior, en la que intervino Lépido (18 a. C.); informa más adelante Dión Casio (LIV 15,1 y ss.). También en ese mismo pasaje dice que el hijo de Lépido, Marco Emilio Lépido, había conspirado contra Augusto y había sido ejecutado por este. El mismo Dión Casio (LIII 24) y Veleyo Patérculo (II 91-92) hablan de Marco Egnacio Rufo, que conspiró contra Augusto cuando este volvió de Oriente. Fue descubierto y ejecutado.

29. Julia, desterrada por el Senado por esta razón, a instancias de su padre, a la isla Pandataria (hoy Ventotene) en el año 2 a. C.

30. Julio Antonio (hijo de M. Antonio), uno de los amantes de Julia, a la que aquí parece equiparar a Cleopatra. Fue ejecutado, puesto que su conducta parecía haber estado guiada por sus aspiraciones al poder (Dión Casio LV 10,15).

31. Imagen gráfica de la inestabilidad política del orador.

32. No se ha conservado esta carta

33. El tercero en la serie de *exempla*, ofrecidos por orden cronológico inverso: Augusto, Cicerón, Druso, y por orden decreciente de admiración. M. Livio Druso, tribuno de la plebe en 91 a. C., propuso la concesión de la ciudadanía a todos los itálicos. El Senado votó en contra, considerando que la ley había sido aprobada con auspicios desfa-

vorables. Ante esto, Druso formó una conspiración y fue asesinado. Las consecuencias de esta actitud negativa del Senado fue la Guerra Social (es decir de los *socii* itálicos), que se prolonga hasta el año 89.

34. Cicerón (*De nat. deorum* III 82) atribuye el asesinato a Q. Vario, tribuno en el 90 a. C. La *Lex Varia de maiestate*, promulgada durante su tribunado, instituía un tribunal contra los que ayudaran a los *socii* rebeldes (cf. VAL. MAX. VIII 6,4).

35. Traducción aproximada de *liberales diciplinae* (= «artes liberales»).

36. Se entiende: tiempo invertido en procurar que lo nombren heredero antes de morir la vieja; el mismo sentido tiene la frase siguiente.

37. Los pretores, ya que, en época imperial, se decidía por sorteo a quién entre los pretores del año correspondía la organización de los juegos y a quién los tribunales de justicia.

38. Es decir: ¿Cuándo vendrán los días hábiles?

39. Referencia a los donativos de carácter oficial, no privado (*congiaria*).

40. VIRG., *Georg.* 3,66 y s.

41. Bouillet ve una clara referencia al mito de las Danaides. Estas, las 50 hijas del rey Danao, le acompañaron cuando huyó de Egipto por temor a los 50 hijos de su hermano Egipto. Una vez en Argos, los sobrinos fueron a pedirle las manos de sus hijas y se las concedió, ordenando a sus hijas que mataran a sus respectivos esposos la noche de bodas. Únicamente sobrevivió un sobrino, que las mató junto con su padre. En los Infiernos fueron condenadas a procurar llenar de agua una vasija agujereada.

42. Probable reminiscencia de Parménides de Elea y Heráclito de Éfeso, presocráticos. Ambos se sitúan sobre finales del s. VI y principio del V a. C. Quizás un poco posterior Heráclito.

43. Aristóteles en su *Retórica* (II 13), en el capítulo destinado a describir el carácter de los ancianos, menciona el ansia de vivir de los mismos, en función de que aquello de lo que se carece es lo más apetecible.

44. Las ventas presididas por los pretores (*sub hasta*) consistían en los bienes de los proscritos o de los condenados. Quienes hacían negocio de

ese modo eran poco dignos de respeto. Cicerón (*Filip.* 11 64) nos habla de la subasta de los bienes de Pompeyo, aplicando a Antonio —que se atrevió a pujar— los calificativos más duros.

45. Plinio el Viejo cita el bronce de Corinto como el más preciado (XXXIV 6 y s.). Según él, el aprecio que del mismo hacía mucha gente se debía a su fama, ya que eran incapaces de distinguirlo. El bronce propiamente de Corinto era muy escaso. De la adquisición de una escama de bronce de Corinto nos habla Plinio el Joven (*Epist.* 3,6) de manera elogiosa.

46. La palabra latina utilizada por Séneca para designar el gimnasio es transcripción de una palabra griega: *ceroma*, que propiamente significa el ungüento con que se frotaban los griegos que iban a luchar en el gimnasio. Con ella se pasó a designar el local; ahora bien, el hecho de utilizar el término griego menos frecuente, le permite vincularlo más fácilmente a sus orígenes.

47. Una caricatura del hombre que recita sometiendo su voz a excesivas inflexiones, nos la ofrece Persio (I,77 y ss.).

48. A la costumbre de utilizar los movimientos de manos, pies y dedos para medir alude Quintiliano (IX 4,51), aunque lo refiere más exactamente al ritmo, no al metro.

49. Los esclavos de aspecto más agradable eran destinados al servicio de mesa. El valor de la palabra utilizada por Séneca: *exoleti*, literalmente «que ha dejado de crecer», quizás aluda a su condición de eunucos. El hecho de que una línea más abajo utilice *glabri*, literalmente «imberbes», para referirse a estos mismos, confirma la idea.

50. En los dos casos se trata de vehículos para transporte, el uno concebido para ir sentado y el otro recostado.

51. Cf. *Sobre la serenidad* 14,7.

52. A partir de aquí, con el pretexto de ejemplificar la vaciedad de algunos conocimientos, Séneca hace un verdadero alarde de poseerlos. Que tal pasión por dominar cuestiones fútiles estaba de moda, nos lo confirma Suetonio refiriéndose a Tiberio (*Tib.* 70,3); también hablan

de ello Juvenal (7,232 y ss.) y Aulo Gelio (XIV 6). En este último un capítulo entero está dedicado a ejemplificar esa manía en un personaje concreto, amigo suyo.

53. Cesón Duilio Nepote fue efectivamente el primer general romano que venció en una batalla naval (*Mylae*) a los cartagineses, en el año 260 a. C. La columna rostral, llamada de Duilio, nos da cuenta precisamente de esa batalla (CIL I 2 25). Cicerón lo cita (*Orator* 153) a propósito de la transición fonética Duellium > Bellium.

54. Apio Claudio Caudice (cónsul 264 a. C.), hijo de Apio Claudio el Ciego. Venció a Hierón II y a los cartagineses en los inicios de la primera guerra púnica. La intervención tuvo como pretexto el acudir en ayuda de los mercenarios mamertinos que estaban bloqueados en Mesina por cartagineses y griegos, estos últimos al mando de Hierón II, rey de Siracusa. Suetonio (*Tib.* 2,1) lo cita como el primero que cruzó el estrecho con una flota y expulsó a los cartagineses de Sicilia.

55. Se trata de Valerio Máximo, cónsul en el 263 a. C. Es el mismo episodio histórico en que participó Apio Claudio Caudice. Al origen del cognomen Mesala se refiere, dando la misma explicación Macrobio en las *Saturnales* (I 6,26).

56. Plinio el Viejo (VIII 53) sitúa el espectáculo durante la pretura de Sila (93 a. C.), aunque no da detalles.

57. Plinio (VIII 20 y ss.) nos cuenta el mismo episodio. Fueron elefantes enfrentados a gérulos con jabalinas los que lucharon en el segundo consulado de Pompeyo (55 a. C.). Cicerón (*Epist. Fam.* VII 1,3), hablando sobre ello, expone el juicio negativo que le merece ese tipo de espectáculos.

58. Magno.

59. Lucio Cecilio Metelo, durante su consulado (250 a. C.) derrotó a los cartagineses en Panormo y capturó unos cien elefantes, según nos cuenta Floro (I 18,27).

60. El «pomerio» era la línea que delimitaba la extensión de una ciudad fundada con ricos augurales. Este es uno de los datos utilizados para datar este diálogo, ya que se compara con la noticia ofrecida por Tá-

cito (*Anales* XII 23) que atribuye a Claudio una ampliación del «pomerio», siguiendo la tradición de que los que habían extendido el Imperio podían ampliar el perímetro de la ciudad. Esta ampliación dejaría en el interior de la ciudad el Aventino; luego este pasaje fue redactado antes de la reforma de Claudio. Para una discusión de este punto, véase la introducción.

61. También Aulo Gelio (XIII 14,4 y ss.) habla de las razones que pudieron llevar a dejar fuera del «pomerio» el Aventino y cita, atribuyendo a Mesala la explicación, la desfavorable toma de auspicios de Remo. Respecto a la posibilidad antes anunciada: ser el lugar de la famosa secesión de la plebe (493 a. C.), Livio no da como probable el Aventino, sino que se inclina por el Monte Sacro (II 32,2).

62. Es interesante la breve caracterización de cada una de las escuelas, y el hecho de que sean estoicos y cínicos los que no se identifican con un nombre.

63. Se interpreta como un servicio la *salutatio* matutina, así como una obligación, por parte del señor, la concesión al cliente de la *sportula*, pequeño regalo que podía consistir en un cestillo con alimentos o simplemente en dinero.

64. Los *nomenclatores* estaban encargados de informar al señor del nombre de los que ante él se presentaban; de ahí: «el nombre, mil veces susurrado».

65. Es conocida la leyenda del origen de Hércules, concebido por Alcumena de Júpiter; este adoptó los rasgos físicos de su marido, Anfitrión, mientras este último estaba en la guerra. Vuelto de la guerra la misma noche en que Hércules había sido concebido, Alcumena engendró otro hijo de Anfitrión: Ificles. También conocida es la comedia de Plauto sobre este tema, uno de cuyos motivos centrales es la enorme duración de la noche.

66. Pasaje que encontramos en Heródoto (VII 45-46) y que se atribuye a Jerjes al contemplar su ejército en las llanuras de Abydos, antes de cruzar el Helesponto.

67. Hay que tener en cuenta, para la comprensión de esta alternativa, que juez debe ser entendido como «parte del jurado», ya que los jueces eran varios en un tribunal que juzgara causas criminales. En época imperial son los pretores quienes los eligen de una lista aprobada por el emperador, y son los pretores los que presiden el tipo de tribunales mencionados.

68. El texto latino dice: «la *caliga* ha abandonado...»; la *caliga* designa el calzado que llevan los grados militares inferiores. Plinio el Viejo (VII 135) lo identifica con la pobreza, con la condición de soldado raso.

69. Lucio Quincio Cincinato, dictador en el año 458 a. C., se enfrentó a los sabinos, que hacia mediados del siglo v se volcaban sobre las llanuras del Lacio.

70. Publio Cornelio Escipión, Africano el Mayor. Fue elegido cónsul en 205 a. C. y en 202 venció a Aníbal en Zama, poniendo fin a la segunda guerra púnica. Fue el primero en recibir, siendo muy joven todavía, un mando extraordinario encomendado por la Asamblea del pueblo. Con él se introduce una visión personalista del poder, poco acorde con la tradición romana. Después de vencer a Antíoco el Grande, en Magnesia (189 a. C.), al verse atacado por Catón, debido a su comportamiento en Oriente, escogió el exilio voluntario. Se le identifica con los comienzos de la apertura al helenismo, por oposición a Catón.

71. El episodio a que se refiere aquí Séneca está recogido también en Suetonio (*Cal.* 19). Calígula tendió un puente que unía Bayas con Puzzoli utilizando naves de carga. Es de suponer que la concentración de las naves con ese fin tuvo como consecuencia dificultar el aprovisionamiento de trigo. El rey al que se alude como objeto de imitación está explícito en Suetonio: Jerjes.

72. Cf. *Sobre la serenidad* 11,7.

¿Cómo representar con imágenes pensamientos tan sencillos, y a la vez tan profundos, como los que conforman estos tres diálogos? Haber optado por la literalidad, a mi modo de ver, hubiera banalizado las palabras del autor. La imagen descriptiva las hubiera ridiculizado, la única opción para mí fue desde un principio la sugerencia y la evocación para conformar asociaciones libres mediante imágenes simbólicas, perplejas, poéticas, y construidas todas ellas con la técnica intuitiva por antonomasia: el *collage*.

El resultado son seis ilustraciones, dos por diálogo, que se complementan y autoconcluyen, distribuidas con la intención de amplificar, con su juego de relaciones, las reflexiones que contiene el libro.

PERE GINARD